L'AFRIQUE

EST-ELLE SI BIEN PARTIE ?

Crédits photos couverture : Attacora (Bénin), 2012. (Sylvie Brunel)

Retrouvez nos ouvrages sur
www.scienceshumaines.com
www.editions.scienceshumaines.com

Diffusion : Seuil

Distribution : Volumen

38, rue Rantheaume
BP 256, 89004 Auxerre Cedex
Tel. : 03 86 72 07 00/Fax : 03 86 52 53 26
ISBN = 978-2-36106-217-0

L'AFRIQUE

EST-ELLE SI BIEN PARTIE ?

Sylvie Brunel
Professeur à Paris-Sorbonne

Éditions
SCIENCES HUMAINES

Grand prix du Festival de géopolitique de Grenoble, 2015

(Prix Axyntis-Conflits du livre de géopolitique)

Avant-Propos
L'Afrique est-elle si bien partie ?

L'ampleur de la croissance africaine signe le grand retour du continent, fort de ses ressources naturelles et de son nouveau marché de consommation, sur la scène internationale. Il existe désormais une Afrique émergente, porteuse de tous les espoirs, avec sa classe moyenne immense et ses progrès.

Mais ce redressement est-il durable ?

Jamais l'Afrique n'a été plus injuste : sa croissance économique s'accompagne d'un creusement des inégalités porteur de graves tensions. La grande pauvreté persiste, y compris dans les pays émergents. Les paysans se font déposséder de leurs terres. Les femmes et les enfants continuent à payer un lourd tribut à la maladie et leurs droits restent bafoués.

Pour rendre durable la croissance africaine, des politiques volontaristes de redistribution sont nécessaires. Certains pays obtiennent des résultats encourageants, y compris parmi les plus pauvres. Mais la plupart continuent de tolérer qu'un petit nombre se réserve le meilleur au détriment de l'immense majorité, négligeant leurs paysans et la jeunesse montante des villes. Les détournements et la prévarication privent d'avenir ceux qui n'appartiennent pas au cercle restreint des privilégiés.

Conséquence de ces injustices et de ce mépris, la rancœur grandit au cœur des villes, tandis qu'un foyer de tensions mine l'intérieur du continent. L'insécurité des confins déstabilise de nombreux pays, menace la paix et la croissance des littoraux arrimés à la mondialisation.

Chômage massif des jeunes, ampleur des laissés-pour-compte, violence latente, toujours prête à exploser face aux promesses non tenues, quête de faux prophètes et de boucs émissaires, l'Afrique émergente est assise sur une poudrière.

Comment transformer l'essai et rendre durable cette croissance si injuste et si mal répartie, tel est l'objet de ce livre.

Trois représentations de l'Afrique qui se chevauchent

54 pays, plus d'un milliard d'habitants, 30 millions de km², presque le quart des terres émergées, et surtout une image dans la mondialisation qui a radicalement changé : l'Afrique est devenue dans les médias le continent qui gagne.

Les publications la mettant à l'honneur en s'ébaudissant sur ses formidables taux de croissance se multiplient. Quel singulier renversement en quelques années ! Dans la dernière décennie du siècle précédent, l'Afrique restait en effet perçue comme une terre de désastre, dont Hermann Cohen, le secrétaire aux Affaires étrangères de Bill Clinton, disait au début des années 1990 qu'il fallait arrêter de jeter de l'argent dans ce « trou à rats », ajoutant que le continent aurait pu être rayé de la carte sans que la face du monde en ait été changée…

Le paradoxe africain réside dans le fait que cette image-là n'a pas totalement disparu, loin s'en faut : en 2014, qu'il s'agisse de la Centrafrique, du Soudan du Sud, du Sahel ou de la République démocratique du Congo, les discours alarmants sont toujours de mise.

Il existe ainsi trois représentations de l'Afrique qui se chevauchent et se superposent dans la mondialisation :

L'Afrique de la misère, en proie au chaos et à la désespérance, qui reste du ressort des interventions militaires et de la charité humanitaire, celle des réfugiés, des déplacés et de la prédation. Nier cette Afrique-là serait une grave erreur : près de la moitié de la population africaine vit toujours dans la grande pauvreté, principalement en milieu rural et dans les pays en guerre. C'est l'Afrique de la faim, des désastres sanitaires, du manque d'accès à l'eau potable et à l'assainissement, de la violence, des viols, de la grande précarité et d'une forte vulnérabilité face aux aléas naturels, dont la densification démographique tend à exacerber l'impact. L'insécurité et le terrorisme restent une préoccupation majeure, non seulement des chefs d'État africains eux-mêmes, mais du reste du monde, qui voit grandir avec inquiétude une tache de chaos en plein Sahara que le renversement de Kadhafi en 2011 a exacerbée.

L'Afrique de l'exotisme, celle des parcs naturels et des populations « authentiques », perçue comme une immense réserve d'éléphants, où des touristes en nombre certes encore très limité (l'Afrique n'attire pour l'instant que 2 % du tourisme mondial, concentré dans un tout petit nombre de pays) mais en forte augmentation se précipitent pour photographier les villages de cases et les gorilles et admirer les fameux « *Big Five* », le lion, le léopard, le buffle, le rhinocéros, l'éléphant. La multiplication des parcs naturels, sous la surveillance sourcilleuse des grandes ONG de l'environnement, confronte le monde rural, qui ne possède pas ses terres, à la menace de la conservation. L'Occident manifeste ainsi à l'égard de l'Afrique ce que l'on pourrait appeler le « syndrome de Tarzan », qui consiste à cultiver la certitude de sa compétence gestionnaire face aux peuplades indigènes. La disparition de l'Union soviétique et la fin de la guerre froide en 1991 ont fait surgir une nouvelle conscience de la planète comme espace mondial que menacerait l'impéritie des hommes. Son corollaire, la religion du développement durable, brandit la menace de l'épuisement des ressources et sanctifie la biodiversité naturelle qui subsisterait encore dans les derniers territoires préservés de la souillure du développement. Dans ce cadre conceptuel, l'Afrique figure le paradis perdu et bénéficie de financements croissants, à travers des dispositifs tels que l'extension des aires protégées, la protection des forêts tropicales, ou les crédits liés à la REDD (Réduction des émissions liées à la déforestation et à la dégradation). Les antagonismes entre l'approche sociale et économique, qui vise à relancer la productivité paysanne pour lutter contre la pauvreté et l'insécurité alimentaire dans les campagnes, et l'approche environnementale des territoires africains, où ce que la politologue Marie-Claude Smouts[1] qualifie d'« oligopole mondial de la conservation » est particulièrement actif, font de l'Afrique un exemple emblématique des contradictions du développement durable, dont les trois piliers antagonistes, produire, répartir, préserver, rendent souvent conflictuels l'usage des territoires et les stratégies d'acteurs.

L'Afrique émergente enfin. Une troisième Afrique est récemment apparue dans les représentations, celle d'un continent qui semble enfin être en train de décoller, avec des taux de croissance à deux chiffres et des investissements étrangers directs qui rappellent ceux de la Chine au début des années 2000, l'intégration de l'Afrique du Sud dans les fameux Brics, le renversement des flux de migrations entre Portugal et Angola, un désendettement exemplaire – 120 % du PIB en 2004, moins de 20 % du PIB en 2010 –, une classe moyenne équivalente à celle de l'Inde (300 millions de personnes), plus de 700 millions de téléphones portables en circulation… C'est la nouvelle majeure de ce nouveau siècle : les attributs de l'émergence semblent enfin réunis dans ce continent immense. Grenier potentiel du monde, futur atelier de la planète, avec un milliard de personnes qui ne demandent qu'à pouvoir travailler et consommer, enjeu géopolitique de premier plan dans l'accès aux matières premières, avec des gisements d'énergie et des réserves de terres sans égal, l'Afrique, qui dispose à elle seule non seulement du tiers des ressources naturelles mondiales mais aussi d'immenses espaces

1- Les références citées dans le texte sont précisées en fin d'ouvrage, dans la bibliographie générale.

apparemment vacants, semble cette fois « partie », et très bien partie. Disposer de la moitié des terres arables inemployées dans le monde est un atout précieux à l'heure où l'agriculture devient un secteur stratégique, alors que les rendements, encore très faibles – moins d'une tonne de céréales à l'hectare contre dix en France – laissent espérer un potentiel d'accroissement de la production qui pourrait mettre durablement le tiers de la population qui souffre toujours de la faim à l'abri de l'insécurité alimentaire.

Le continent africain présente ainsi l'immense avantage de disposer de ce qu'un de ses meilleurs connaisseurs, le banquier franco-béninois Lionel Zinsou, qualifie de « maîtrise des raretés », ce qui lui donne des avantages comparatifs exceptionnels dans la mondialisation.

Un excès d'optimisme ?

Encenser l'Afrique aujourd'hui paraît pourtant aussi excessif que l'accablement dont elle était hier l'objet. L'engouement qu'elle suscite est tout aussi caricatural que l'était le catastrophisme à tous crins des quinze ans qui ont suivi la fin de la guerre froide, avec l'effondrement en dominos de la plupart des États, minés par la crise de la dette, les rivalités politiques internes, l'instauration brutale du multipartisme sous l'influence des bailleurs de fonds, la baisse drastique de l'aide publique au développement. Car les lignes de faiblesse du continent demeurent, identiques à celles qui l'avaient mis à bas après l'euphorie post-indépendance. Et malgré la diversité extrême des situations et des pays, elles minent de l'intérieur la durabilité de la croissance africaine.

Tous ceux qui parcourent le continent le savent : l'ampleur des inégalités internes crée des tensions sociales fortes, avivées par l'essor des réseaux de communication et d'information, qui mettent directement en contact des univers autrefois cloisonnés. Les Africains « du dedans », principalement citadins, qui ont accès à la mobilité choisie, autant à l'étranger que sur le continent même, et qui disposent des moyens de vivre comme leurs homologues du reste du monde, vivent sur une autre planète que ces « Africains du dehors » que sont les ruraux et les exclus des bidonvilles. Deux tiers de la population continuent de dépendre des ressources naturelles. Or le réservoir rural s'accroît plus rapidement que les villes, malgré la croissance rapide de ces dernières. 500 millions de paysans manquent de tout et vivent dans l'insécurité foncière et économique, à la merci des caprices du ciel, aggravés par le changement climatique. Dans les villes, des milliers de jeunes cherchent désespérément un emploi. Et les familles continuent de faire des enfants pour pallier l'absence de systèmes de protection sociale et le lourd tribut payé à la mortalité immense des moins de cinq ans.

Le chaudron démographique bouillonne[2] ainsi dans un continent où l'urbanisation accélérée constitue plus le symptôme des difficultés agricoles que la conséquence de la modernisation agraire. Alors que l'explosion démographique de l'Europe au XIXe siècle s'est traduite par le départ de 50 millions de migrants, cette soupape de sécurité est refusée à une Afrique en voie de densification rapide. Dans les villes, où deux tiers de la population a moins de vingt-cinq ans, les jeunes rongent leur frein. Le secteur informel fournit toujours deux tiers des emplois. La pauvreté côtoie au quotidien l'insolente richesse des nantis qui bunkérisent leurs privilèges dans les beaux quartiers. La rancœur des laissés-pour-compte les rend prompts à enfourcher toutes les révoltes. Dans les campagnes, l'insécurité alimentaire précarise des millions de personnes qui ne demanderaient qu'à saisir les opportunités économiques… si elles leur étaient offertes.

Mais voilà, dans trop de pays encore, la corruption et le clientélisme minent les perspectives de développement durable :

2- Un cahier central propose un certain nombre de cartes et schémas qui présentent l'Afrique sous différents aspects.

une part significative des financements abondamment déversés sur l'Afrique continue d'être détournée au profit d'une élite qui cumule tous les privilèges. La diplomatie climatique et la sanctuarisation des territoires au nom de l'urgence écologique, un discours qui plaît tant aux Occidentaux qu'ils sont prêts à vitrifier le continent à grands frais – sauf lorsqu'il s'agit d'exploiter le pétrole –, justifient le déploiement d'un discours victimaire qui conduit à rejeter sur l'extérieur et le passé la responsabilité des erreurs de gestion interne. Hier perçue comme un recours, la Chine subit à son tour l'ostracisme et les accusations de pillage, comme s'il fallait à tout prix trouver des boucs émissaires.

Le poids des choix effectués

En 1962, René Dumont prophétisait dans un ouvrage publié au Seuil et qui a été réédité en 2012 que *l'Afrique noire était mal partie*. Il avait perçu, derrière les grands discours de progrès, la pluviosité abondante et l'euphorie de la construction des jeunes nations africaines, les lignes de faiblesse qui minaient ces dernières : négligence à l'égard des paysans, aspirations rivales au leadership, fragilité des frontières, poids des bureaucraties... Les illusions messianiques ne risquaient-elles pas de se fracasser sur la réalité peu glorieuse du faible niveau de formation des élites – la colonisation avait façonné des exécutants, n'envoyant à l'université que quelques rares « évolués » ? Les concurrences féroces entre des territoires trop exigus pour être viables ne compromettaient-elles pas l'avenir, dans un continent balkanisé par un découpage fondé sur des critères de souverainetés européennes concurrentes ?

Un demi-siècle plus tard, les mêmes lignes de faiblesse demeurent : les paysans sont toujours aussi mal traités, les bureaucraties plus lourdes que jamais, malgré l'éphémère désétatisation lors de la crise de la dette ; face à une démographie galopante (+2,6 % par an), les villes absorbent de façon illusoire le trop plein de main-d'œuvre sans pouvoir offrir un avenir à ces millions de jeunes qui arrivent chaque année sur le marché du travail et rechignent à repartir dans les campagnes, où les excès du climat pèsent plus lourd que par le passé parce qu'elles se sont densifiées sans vraiment se moderniser.

Alors l'Afrique est-elle si bien partie ?

Est-elle si bien partie quand la manne des financements, quels qu'ils soient, se déverse de façon aussi inégale ? Sera-t-elle capable de mettre en œuvre des politiques sociales dignes de ce nom, celles qui ont permis de bâtir des États-providence dans les pays développés, au lieu d'exploiter la rente humanitaire ? Pourra-t-elle mettre réellement en œuvre le panafricanisme, si exalté dans les discours de ses dirigeants, mais rarement appliqué sur le terrain, surtout quand il s'agit de dépêcher des forces africaines d'interposition armées pour empêcher la contagion de certains conflits ? Il ne faut pas oublier que l'Afrique reste fondamentalement un continent riche peuplé de pauvres, où chaque aléa naturel fonctionne comme un révélateur des dysfonctionnements politiques.

Trop souvent invoquées pour justifier toutes les errances d'aujourd'hui, la traite et la colonisation, aussi controversées et douloureuses qu'elles aient pu être, ne peuvent plus, plus de soixante ans (deux générations !) après les indépendances, servir à justifier les situations actuelles : à l'image de ce qui s'est passé dans les autres régions, ce sont d'abord les choix effectués qui déterminent les destins contrastés des 54 pays africains. La Côte d'Ivoire et la Corée du Sud, le Nigeria et l'Indonésie, dans les années 1970, présentaient les mêmes indicateurs économiques et sociaux. Le rapport Pearson, produit par la Banque mondiale en 1969, qualifiait même la Corée du Sud d'indéveloppable, contrairement à la Corée du Nord qui avait conservé sur son territoire les ressources minières et le potentiel industriel. Quarante ans plus tard, Indonésie et Corée du Sud sont émergents, voire émergés et même convergents dans le cas de la seconde, dont le niveau de vie est celui de l'Occident développé. Les autres ont régressé. Le pétrole a tué l'agriculture du Nigeria, quand il a été la providence de l'Indonésie, qui a profité de cette manne pour s'industrialiser. L'absence de ressources naturelles a conduit la Corée du Sud à miser sur la qualification de sa main-d'œuvre pour rattraper à marche forcée son retard. Pays-atelier de l'Occident, elle a su remonter la filière industrielle tout en renforçant son marché intérieur. Certes, elle a été massivement aidée, mais l'Afrique aussi. Et elle a subi une colonisation au moins aussi violente. En Côte d'Ivoire, les choix visionnaires de Félix Houphouët-Boigny – « la révolution est un mot qui a un r de trop, il nous faut évoluer, c'est notre pauvreté qui fera notre richesse » – n'ont pas résisté à la logique de la consommation à outrance et de l'endettement excessif. Le miracle ivoirien s'est mué en mirage dans les années 1980, puis en naufrage quand les affrontements pour le pouvoir ont ruiné le pays. Il se remet aujourd'hui lentement d'une guerre civile qui a duré dix ans et laissé ouvertes bien des plaies, nationalité, ivoirité, question foncière, tensions dans les campagnes, insécurité des périphéries. Est-ce le poids de l'histoire qui explique les différences de trajectoire ? Non, les choix effectués.

Les 50 Afriques

Certes parler de « l'Afrique » est aussi mensonger que réducteur : il existe bien des Afriques, aux personnalités et aux trajectoires opposées. Il y a trente-cinq ans, en 1978, Hervé Bourges et Claude Vauthier titraient leur œuvre en deux tomes, *Les 50 Afriques*. Ignorer les différences régionales, climatiques, humaines dans un continent qui occupe le quart des terres émergées serait une erreur géographique majeure. L'Afrique, ce sont les géants géographiques que sont l'Algérie méditerranéenne et saharienne, 2,4 millions de km^2, ou la République démocratique du Congo (RDC), 2,3 millions de km^2, le géant démographique qu'est le

Nigeria équatorial et tropical humide, 170 millions d'habitants, mais aussi les petites îles de Sao Tome et Principe, 200 000 habitants, du Cap Vert 500 000 habitants, des Comores, 900 000. L'Afrique réunit à la fois l'Afrique du Sud, pays émergent, dont le climat au Cap rappelle celui de l'Europe, un PNB de près de 400 milliards de dollars et un revenu par habitant de 12 000 dollars, mais aussi la RDC équatoriale, dont le revenu par habitant ne dépasse pas 400 dollars, l'Érythrée semi-aride et le Burundi des grands lacs, où il reste inférieur à 500 dollars…

Sur le plan géopolitique pourtant, il n'en reste pas moins qu'un continent bien individualisé a choisi de créer en 1963 une « Organisation de l'unité africaine », devenue Union africaine en 2002, dont il a fêté les cinquante ans en 2013. Et que ce continent réaffirme aujourd'hui sa place dans la mondialisation après avoir connu l'exploitation, l'éclipse et la marginalisation.

Ce livre fait donc le point sur l'Afrique du premier tiers du XXIe siècle, en essayant de traiter les questions abordées de la façon la plus synthétique et la plus accessible possible. Son propos est de fournir à l'aune de l'insertion de l'Afrique dans la mondialisation et des grands enjeux du développement durable une grille d'analyse claire d'un continent compliqué, où les paradoxes et les exceptions abondent.

Il est des sujets qui suscitent plus de passion que d'autres. Les cavaliers sont tous persuadés de détenir la vérité quant à leur science équestre et jugent impitoyablement ceux qui utilisent d'autres méthodes que les leurs. Ceux qui travaillent dans une ONG se sentent dépositaires des valeurs humanitaires et ne supportent pas que des personnes extérieures osent la critiquer (de l'intérieur en revanche, les jugements les plus impitoyables peuvent être proférés, mais seulement à huis clos et entre soi). Évidemment, les certitudes concernant la foi et les convictions politiques ne tolèrent aucune contestation. L'Histoire est pavée des abominations que ces certitudes ont engendrées, avec une cruauté d'autant plus absurde que les croyances au nom desquelles il était jugé légitime d'exterminer se révélaient généralement fluctuantes et provisoires.

Aussi surprenant que cela puisse paraître, l'Afrique appartient au même registre. Celui de l'émotion et de la profession de foi. Nul autre continent ne déchaîne autant de passions et d'affrontements. Il y a ceux qui « connaissent l'Afrique », ceux qui « aiment l'Afrique », et prétendent tout connaître à son sujet. Et les autres, à qui tout droit de s'exprimer est dénié. Les premiers y ont généralement vécu. Toute leur vie pour les « vieux Africains ». Quelques années pour les expatriés et les coopérants humanitaires. Le résultat est le même : personne n'a le droit de donner un avis différent du leur, forcément vrai puisque frappé du sceau de l'expérience.

Pourtant, ceux qui prétendent tout savoir de l'Afrique parce qu'ils ont passé de longues années au Sénégal, au Gabon ou en Côte d'Ivoire, ne la connaissent pas plus que ceux qui ont vécu à Monrovia, Kampala ou Lilongwe. Les premiers connaissent une parcelle de l'Afrique, celle de l'espace francophone, encore très lié à l'histoire de la colonisation française. Les seconds ont une autre pratique de l'Afrique, une autre expérience. Ils ne racontent pas la même histoire, ils ne parlent pas le même langage.

Ce n'est pas un hasard si, au sein de la si mal nommée Union africaine, les chefs d'État du continent parviennent rarement à s'entendre pour lancer des actions collectives et unifiées. Ce n'est pas un hasard si l'intégration régionale n'a jamais marché, même à l'échelle des sous-régions que sont l'Afrique occidentale, l'Afrique centrale, l'Afrique orientale, l'Afrique du nord, l'Afrique australe : l'Afrique n'existe pas, sauf en tant qu'ensemble géologique.

Il faut en effet rappeler une évidence : la totalité des territoires des États-Unis, de la Chine, de l'Inde et d'une grande partie de l'Europe tiennent tous dans la superficie de la seule Afrique, qui représente à elle seule près du quart des terres émergées. Ce n'est pas parce que l'ancien continent du Gondwana s'est, à cet endroit précis de la terre, détaché de l'Amérique latine et de l'Inde il y a cent soixante millions d'années, formant ce socle géologique massif et très peu indenté qui s'appelle l'Afrique aujourd'hui, qu'il existe une civilisation africaine, une unité africaine. Si le rift qui court de l'Afrique du Sud à la Somalie en passant par les Grands Lacs avait été un peu plus actif, les territoires orientaux feraient aujourd'hui partie du Moyen-Orient. Si la Méditerranée ne s'était pas ouverte, l'Afrique du Nord serait toujours étroitement liée à l'Europe, comme elle l'était au moment de l'Empire romain : il y a moins de distance entre l'Espagne et le Maroc au niveau du détroit de Gibraltar (14 kilomètres !), qu'entre la France et la Corse, ou entre l'Italie et la Sardaigne. Rattacher l'Afrique du Nord à l'Afrique subsaharienne peut paraître aussi incongru que rattacher la Corse à la France.

Une vision de comptoir

Mais voilà : la politique et l'histoire prennent le pas sur la géographie. Quand on franchit la Méditerranée, on pose le pied en Afrique. Quand on atterrit dans ce grand hub mondial qu'est Johannesburg, on est en Afrique. L'Afrique présente une unité, celle que les représentations extérieures lui donnent, celle dans laquelle les constructions théoriques l'enferment. Cette unité vient de ce qu'elle a été longtemps perçue comme à l'écart du monde – même si en réalité ses marchands et ses pèlerins la sillonnaient depuis longtemps –, d'avoir subi la traite européenne – même si en réalité elle pratiquait elle-même l'esclavage depuis bien longtemps et le pratique toujours –, d'avoir été colonisée par les puissances européennes, qui l'ont perçue, au sud du Sahara, comme une *terra incognita* sans histoire et sans écriture, dont les habitants nourrissaient d'étranges croyances et se caractérisaient par une couleur de peau si différente qu'il a fallu plusieurs siècles pour que soit reconnue leur nature humaine. Des marchandises, des meubles, du bois d'ébène. Il est bien connu que tous ceux qui veulent instrumentaliser et nier leurs semblables commencent par nier leur humanité.

L'Afrique a subi le préjudice de n'avoir pas été connue, donc de n'avoir pas été comprise. Longtemps, elle s'est résumée, pour les civilisations conquérantes d'alors, celles de l'Europe, à quelques rivages, quelques comptoirs. Il y a un siècle seulement que l'intérieur du continent a été exploré ! Et son inventaire faunistique, botanique, géologique… voire humain est loin d'être achevé. Cet enclavement des représentations a accrédité l'idée d'un continent uniforme, toujours dans l'enfance (alors que, comme le note mon collègue Christian Grataloup dans ses nombreux et remarquables livres, l'Asie, elle, était toujours représentée sous les traits d'un vieillard). Un continent immature, dont les reliefs côtiers, les fleuves barrés de rapides infranchissables, l'hostilité des autochtones et le climat terrible, producteurs de miasmes et de fièvres, défendaient l'accès. Un monde inconnu et mystérieux, ce qui autorisait tous les fantasmes : ces peuplades ne connaissaient pas la civilisation, elles vivaient au jour le jour, sans livres, sans architecture remarquable, sans villes, à peine nourries d'une agriculture archaïque, entourées de bêtes sauvages et d'insectes meurtriers, cernées de fantômes et de croyances dont les esprits rationnels et cartésiens se gaussaient. Il fallait les mettre au travail – la chicote, le travail forcé et la capitation, cet impôt par tête, qui obligeait à cultiver pour vendre –, leur apprendre quelques rudiments de civilisation – en choisissant prudemment quelques évolués, laissant les autres réduits à l'état de force de travail, utilisés comme chair à canon, comme porteurs et main-d'œuvre sans valeur. Cette Afrique-là n'était que l'arrière-cour du monde, le terrain de jeu des Occidentaux en quête de dépaysement (les grands safaris de chasse), de cobayes (toutes les expérimentations possibles, des armes aux tâtonnements médicaux), de ressources tropicales, de profondeur stratégique. Ah !

les empires roses et bleus des cartes de géographies. Avec mépris, avec condescendance, les Européens promouvaient quelques chefaillons, à qui ils remettaient un sceptre certes en chocolat, mais qui pouvait néanmoins tuer, à condition que la créature continue d'obéir aveuglément à celui qui l'avait faite roi.

Et puis l'Afrique s'est libérée. Au début, malgré le charisme des grandes figures de l'émancipation, N'Krumah, Sékou Touré, Nasser, Bourguiba, Lumumba, Sélassié, Senghor, Houphouët-Boigny, personne n'a vraiment cru à son indépendance… La belle fable ! Tant de chefs d'État n'étaient arrivés au pouvoir que par la grâce des anciens maîtres, qui avaient octroyé l'indépendance en échange de l'allégeance et de l'accès garanti aux ressources du sol et du sous-sol. Le monde se gaussait des généraux d'opérette, des dictateurs galonnés et obtus, du décorum excessif et ridicule dans lequel ils se complaisaient. Les massacres et les famines faisaient partie du spectacle. L'Occident tirait les fils de ses marionnettes.

La montée du pouvoir africain

Et puis la donne a changé. Las d'être pris pour des imbéciles et des faibles, les chefs d'État africains se sont émancipés de ces anciens tuteurs, dont rien ne justifiait la supériorité autoproclamée. Les élites ont envoyé leurs enfants dans les meilleures écoles. Ils ont reconsidéré l'histoire, toujours à sens unique, le discours, toujours infantilisant. Ils ont pris en main les rênes de leur histoire, réaffirmé la force et le rayonnement de leurs civilisations trop longtemps ignorées, et réalisé que, désormais, les cartes leur appartenaient. Le reste du monde les courtisait pour la richesse inouïe de leurs territoires, leur position stratégique unique sur les grandes routes maritimes du monde, la jeunesse et la vitalité de leur population.

Désormais, l'Afrique existe à part entière sur la carte du monde. Elle est ce continent massif, incroyablement bien doté de ressources en tous genres, dont 54 pays se partagent l'immense territoire. Les grandes routes maritimes stratégiques, celles qui irriguent le commerce mondial, transportent le précieux pétrole et toutes les marchandises dont sont avides les pays riches, doivent la longer, la contourner, s'exposant aux assauts que lancent depuis ses côtes de modernes pirates. Des politiques qui seront ou non adoptées en son sein dépendra une partie du changement climatique, donc la marche du monde: l'Afrique ne possède-t-elle pas le plus important massif forestier de la planète, avec l'Amazonie? Les plus grandes opportunités en termes de ressources renouvelables et de minerais rares? Le milliard d'hommes qui l'habitent et dont le nombre doublera en l'espace d'une génération, phénomène unique désormais dans la marche de l'humanité, disposera d'un pouvoir sans équivalent ailleurs: celui que donnent la jeunesse, le pouvoir d'achat et l'envie. L'envie de vivre différemment, le désir de sortir de la pauvreté et d'inventer de nouveaux chemins pour tracer son sillon au sein d'une humanité gavée et vieillissante.

Cette Afrique-là peut apparaître menaçante à ceux qui édifient des murs pour s'en protéger. Elle paie pour l'instant un terrible tribut à la défiance qu'elle suscite, celui de ses milliers de noyés dans la Méditerranée et l'Atlantique et de ses milliers de clandestins maltraités au royaume des nantis. Mais elle dispose aussi d'une arme redoutable: l'avenir lui appartient. Tandis que le vieux monde sombre dans une crise de sénescence, elle s'éveille au contraire et entame son développement.

Le décollage africain a ainsi quelque chose de prodigieux par sa rapidité, la métamorphose accélérée des villes, l'émergence de grandes entreprises, de grandes universités, l'affirmation d'un « pouvoir africain » sur la scène internationale.

Pourtant, ce développement est menacé par un grave danger: le manque d'équité. La croissance économique ne profite qu'à une minorité tout en faisant flamber le coût de la vie pour tous.

Le nombre de pauvres reste effarant, y compris dans les pays dits les plus performants. L'ampleur des inégalités internes menace la pérennité du processus amorcé et fait courir le risque d'une révolution interne. Celle-ci a déjà commencé au nord du Sahara puis en son cœur, mais elle peut se propager comme une traînée de poudre à travers le continent, tant la jeunesse africaine est nombreuse et désœuvrée.

Ce livre est ainsi un cri d'alarme. Redistribuer, créer de l'emploi et des opportunités pour ces milliers de jeunes filles et de jeunes hommes, le plus souvent talentueux, qui arrivent chaque année sur le marché du travail, rêvent d'une autre vie mais voient leurs espoirs fracassés par un Occident verrouillé et des élites campées sur leurs privilèges, est un impératif pour l'Afrique d'aujourd'hui. Car l'accaparement des richesses par quelques-uns seulement risque de devenir un poison mortel pour l'avenir du continent. Donc du monde.

La diversité africaine

PAYS **ou entités**	**Superficie** (en milliers de km²)	**Population mi-2013** (en millions)	**Taux de natalité** (pour 1000 habitants)	**Taux de mortalité** (pour 1000 habitants)	**Projection de la population en 2050** (en millions)
MONDE	136136	7141	20	8	9731
AFRIQUE	**30312**	**1101**	**36**	**11**	**2435**
AFRIQUE SEPTENTRIONALE	7880	208	26	6	316
Algérie	2382	38,3	26	5	55
Égypte	1001	84,7	25	6	126
Libye	1760	6,5	22	4	9
Maroc	447	33,0	22	6	43
Sahara occidental	266	0,6	22	6	0,9
Soudan	1861	34,2	34	9	69
Tunisie	164	10,9	19	6	13
AFRIQUE OCCIDENTALE	6138	332	40	13	815
Bénin	113	9,6	39	10	23
Burkina Faso	274	18,0	43	12	48
Cap-Vert	4,0	0,5	21	5	0,7
Côte d'Ivoire	322	21,1	37	15	44
Gambie	11	1,9	43	10	5,0
Ghana	239	26,1	33	9	46
Guinée	246	11,8	38	12	25
Guinée-Bissau	36	1,7	38	13	3,4
Liberia	111	4,4	42	9	11
Mali	1240	15,5	46	15	37
Mauritanie	1026	3,7	35	9	8
Niger	1267	16,9	50	12	66
Nigeria	924	174,9	40	14	444
Sénégal	197	13,5	38	8	31
Sierra Leone	72	6,2	38	18	11
Togo	57	6,2	37	11	13
AFRIQUE ORIENTALE	7006	362	38	10	872
Burundi	28	10,9	45	13	29
Comores	2,2	0,8	32	9	1,6
Djibouti	23	0,9	29	9	1,5
Érythrée	118	5,8	38	7	13
Éthiopie	1104	89,2	34	8	178
Kenya	580	44,2	36	9	97
Madagascar	587	22,5	35	7	55
Malawi	118	16,3	40	12	41
Maurice	2,0	1,3	11	7	1,3
Mayotte	0,4	0,22	32	2	0,5
Mozambique	802	24,3	44	15	63
Ouganda	241	36,9	45	10	114
Réunion	2,5	0,8	17	5	1,2
Rwanda	26	11,1	36	8	24
Seychelles	0,5	0,09	19	8	0,1
Somalie	638	10,4	45	13	27
Sud-Soudan	644	9,8	37	12	21
Tanzanie	945	49,1	40	9	129
Zambie	753	14,2	44	11	48
Zimbabwe	391	13,0	33	11	28
AFRIQUE CENTRALE	6613	138	44	15	356
Angola	1247	21,6	47	15	61
Cameroun	475	21,5	39	12	53
Centrafricaine (République)	623	4,7	47	16	10
Congo	342	4,4	38	11	10
Congo (Rép dém. du)	2345	71,1	45	16	182
Gabon	268	1,6	32	9	3,2
Guinée équatoriale	28	0,8	37	14	1,6
Sao Tomé-et-Principe	1,0	0,2	38	7	0,43
Tchad	1284	12,2	51	15	35
AFRIQUE AUSTRALE	2675	61	22	12	75
Afrique du Sud	1221	53,0	22	11	64
Botswana	582	1,9	24	17	2,6
Lesotho	30	2,2	28	16	3,0
Namibie	824	2,4	27	8	3,9
Swaziland	17	1,2	31	14	1,8

La diversité africaine

Taux de mortalité infantile (pour 1000 naissances)	Indice synthétique de fécondité (enfants par femme)	Proportion de moins de 15 ans (en %)	Proportion de 65 ans ou plus (en %)	Espérance de vie à la naissance hommes, femmes (en années)		Revenu national brut p.p.a par hab. en 2012 (en dollars US)	Proportion des 15-49 ans infectés par le virus VIH en 2011 (%)
40	2,5	26	8	68	73	11690	0,8
68	**4,8**	**41**	**4**	**57**	**60**	**3010**	**3,7**
31	3,2	32	5	69	72	6260	0,1
23	3,0	28	6	76	77	7550	0,05
24	3,0	31	6	69	72	6640	0,05
15	2,5	29	5	73	77	17560	0,02
28	2,7	30	6	69	72	5040	0,2
39	2,5	27	2	65	69	-	-
56	4,6	42	3	60	63	2030	0,4
16	2,2	23	7	73	77	9360	0,05
82	5,5	44	3	53	55	1980	2,7
70	5,2	43	3	58	60	1570	1,2
73	6,0	46	2	55	56	1510	1,0
18	2,4	31	6	70	78	4340	1,0
68	5,0	42	3	49	51	1960	3,7
81	5,8	46	2	57	60	1860	1,5
53	4,2	39	4	60	62	1940	1,5
67	5,1	43	3	55	56	980	1,4
96	5,0	42	3	52	55	1190	2,5
63	5,7	43	3	59	61	600	1,0
58	6,1	48	3	52	56	1160	1,1
73	4,8	40	3	60	63	2520	1,1
51	7,6	50	3	57	58	650	0,8
97	5,7	44	3	51	52	2420	3,7
51	5,0	44	3	62	65	1920	0,7
128	4,9	42	3	45	45	1360	1,6
69	4,7	42	3	55	57	920	3,4
58	5,1	44	3	58	60	1190	5,2
89	6,2	44	2	51	55	560	1,4
69	4,3	42	3	59	62	1230	0,05
58	3,7	34	4	59	62	-	1,4
46	4,9	43	2	59	64	560	0,6
52	4,8	44	3	61	64	1140	1,5
54	4,5	42	3	59	62	1760	6,2
39	4,6	43	3	62	65	950	0,3
89	5,6	46	3	54	54	880	10,6
13	1,4	21	7	70	77	15820	1,0
5	4,1	46	2	76	83	-	-
64	5,9	45	3	49	50	1020	11,3
54	6,2	49	2	57	59	1140	7,2
7	2,4	25	9	77	83	-	-
51	4,7	45	2	61	65	1250	3,0
10	2,4	20	7	68	78	25760	-
83	6,8	48	3	53	56	-	0,7
81	5,1	43	3	53	55	-	3,1
52	5,4	45	3	59	61	1590	5,8
69	5,9	47	3	54	57	1620	12,5
41	3,8	41	4	55	56	-	15,2
100	6,1	45	3	49	52	1940	-
98	6,3	48	2	50	53	5490	2,1
62	5,1	43	3	53	55	2320	4,3
116	6,2	40	4	47	51	860	4,6
66	5,0	42	3	56	59	3510	3,3
111	6,3	45	3	48	51	370	-
43	4,1	39	5	62	64	14290	5,0
65	5,1	39	3	51	54	18880	4,7
44	4,6	42	4	64	68	1850	1,0
106	7,0	49	2	49	51	1320	3,1
46	2,5	31	5	56	59	10750	16,5
45	2,4	30	5	56	60	11190	15,9
33	2,7	34	4	47	46	16520	23,4
65	3,1	37	4	48	48	2210	23,2
36	3,2	37	3	61	66	7470	13,4
68	3,5	38	3	49	48	4840	26,0

Source : Ined, *Tous les pays du monde*, 2013.

Les habits neufs de l'empereur

« L'Afrique qui gagne », « L'Afrique en émergence », « La revanche de l'Afrique ». L'afroptimisme est désormais de mise. Il se fonde sur l'ampleur des taux de croissance économique, sur les investissements qui se dirigent vers le continent, sur les convoitises qu'elle suscite. Après vingt ans de difficultés, l'Afrique aurait enfin pris la bonne voie. Et chacun rivalise pour s'ébaudir de ses progrès et de ses performances.

La réalité, pourtant, est-elle aussi idyllique ? L'Afrique ne parvient pas à construire le panafricanisme, elle n'a aucune unité et ses gouvernements profitent de leur richesse retrouvée pour placer des capitaux à l'étranger et se réarmer. Les inégalités s'accroissent. Les conflits qui paraissaient apaisés au début des années 2000 repartent de plus belle.

Les habits neufs de l'empereur dissimulent mal la réalité, aussi choquante soit-elle : il faut dire que l'Afrique reste nue, que l'ossature de la violence y affleure toujours derrière l'apparente séduction de l'argent facile. Il est facile d'incriminer la colonisation, l'échange inégal, le changement climatique, toutes ces raisons que certains dirigeants invoquent sans jamais se lasser pour exiger réparations, financements, repentances.

La vérité est tout autre : des sommes colossales se sont déversées sur le continent depuis soixante ans. La plupart ont été englouties en pure perte ou sont reparties tout aussi rapidement. Le coût des sorties de capitaux illicites est estimé à près de 6 % du PIB de l'Afrique subsaharienne, deux points de plus que la moyenne des pays en développement. 50 milliards de dollars, l'équivalent de l'aide publique au développement déversée par la communauté internationale, qui s'évadent du continent chaque année au lieu de bénéficier à l'éducation, à la santé, à la construction de routes solides et durables !

Le prix Mo-Ibrahim, créé en 2007 par le milliardaire anglo-soudanais éponyme et décerné par un jury africain à d'anciens chefs d'État pour récompenser la bonne gouvernance dont ils ont fait preuve lors de leur passage au pouvoir, leur intégrité et leur capacité à lutter contre la pauvreté, un prix si abondamment doté qu'il offre une véritable fortune, à vie, à ceux qui en bénéficient, n'a pu être décerné que trois fois en sept ans faute de candidat éligible ! En 2007, au Mozambicain Joaquim Chissano ; en 2008, au Botswanais Festus Mogae ; en 2011, au Cap-Verdien Pedro Pires. Nelson Mandela est lauréat d'honneur. Où sont les autres ?

Certains chefs d'État africains ont beau s'insurger contre ce qu'ils qualifient d'« impérialisme judiciaire » de la Cour pénale internationale de La Haye, dont 34 pays sur 54 en ont ratifié les statuts, la gouvernance en Afrique présente de sérieux ratés. Trois chefs d'État au moins, Charles Taylor (Liberia), Omar el-Béchir (Soudan), Laurent Gbagbo (Côte d'Ivoire), ont été condamnés ou sont en instance de jugement devant la Cour pénale internationale, sans parler de tous ceux qui continuent à sévir en toute impunité, des chefs de guerre insaisissables ou protégés.

Consciente de ces dérives qui ternissent l'image du continent, c'est l'Union africaine elle-même qui a confié au Sénégal le soin de juger l'ancien président du Tchad, Hissène Habré. Beaucoup d'autres ont dû leur impunité à la mort ou à l'exil. Mais l'histoire du continent est marquée par la terreur infligée à leurs peuples par quelques satrapes, qui ne font qu'illustrer aux plus hautes places une culture de la violence présente au cœur même du fonctionnement des sociétés africaines.

La violence ordinaire

La violence ordinaire menace à chaque instant. Seuls l'ignorent ceux qui s'entourent de gardes armés et de hautes clôtures hérissées de tessons de verre et de barbelés, ceux qui circulent sous escorte dans des voitures verrouillées, passant d'un aéroport à une salle de congrès ou un palais aussi bien climatisés que hautement sécurisés. Oui, cette Afrique-là donne l'impression qu'elle va bien. Mais ne vous aventurez pas à pied dehors la nuit si vous voulez revenir intact. N'essayez pas de circuler d'un pays à l'autre en Afrique centrale car vous serez immanquablement rançonné, avec une ingéniosité qui vous éblouira autant qu'elle vous désespérera.

Alors, bien sûr, on peut être émerveillé par l'inventivité de la mode, de la littérature et de la musique, fasciné par la métamorphose accélérée des beaux quartiers des villes, saluer les progrès enregistrés dans la lutte contre certaines endémies, trouver que l'Afrique reste par essence le continent authentique, plein de sève et de résilience.

Pourtant, le chaos gagne, obligeant à multiplier les interventions armées qui restaurent rarement l'espoir, suscitant de nouveaux chaos ou les repoussant un peu plus loin, comme en Libye, au Mali, en Centrafrique ou en Somalie. Des jeunes filles peuvent être enlevées pour être vendues comme esclaves dans l'indifférence de leur gouvernement (Nigeria, avril 2014), des centres commerciaux modernes mitraillés des jours durant (Kenya, septembre 2013), des villageois massacrés en pleine zone touristique parce qu'ils sont chrétiens tandis que l'armée censée les protéger s'est enfuie (Kenya toujours, juin 2014), des villes délibérément affamées (Soudan du Sud, février 2014). Quant aux civils froidement exécutés, la liste serait trop longue, des Nubas du Soudan aux Nuers du Soudan du Sud, en passant par les musulmans centrafricains, et même le troisième génocide du XXe siècle, qui a pu se dérouler en toute impunité trois mois durant (Rwanda, avril-juin 1994).

Ceux qui prétendent « aimer l'Afrique » aiment en réalité un objet fantasmé, une construction mentale faite de joie, de rires, de couleurs, de musique, de lumière et de liberté. Cette Afrique-là existe bien sûr, et il ne s'agit pas de la renvoyer au « cœur des ténèbres ». Mais aimer l'Afrique, c'est aussi accepter de la voir comme elle est, et non la fantasmer. C'est y circuler, l'observer, se demander ce qui cloche pour que tant de personnes y vivent encore si mal, dans le dénuement, l'adversité, le mépris de leurs concitoyens à cause de la couleur trop sombre de leur peau, leur origine servile supposée ou tout simplement leur manque de relations sociales, qui les fait attendre vainement des journées entières à l'hôpital en désespérant d'être pris en charge. Mourir d'un accouchement difficile, d'un accident de la circulation ou d'une blessure non soignée reste encore la cruelle réalité quotidienne de beaucoup, dans un continent où l'espérance de vie moyenne dépasse à peine le demi-siècle. C'est en Afrique que le paludisme et le sida continuent de faire des ravages, même si l'incidence de ces deux maladies a fortement diminué. En 2014, le virus Ebola, découvert en 1976 en Afrique centrale, frappe pour la première fois en Afrique de l'Ouest. Mille morts en six mois, un personnel soignant massivement frappé par l'épidémie, la communauté internationale s'alarme et déclenche l'urgence sanitaire, qui aboutit surtout à dresser un cordon de sécurité autour des principaux pays touchés : la Guinée, le Liberia, la Sierra Leone. Si les malades occidentaux sont rapatriés, les malades africains meurent dans l'isolement. Ebola fait peur par l'absence de traitement et la virulence des symptômes : hémorragies internes et externes, taux de mortalité élevé, suscitant un nouvel ostracisme à l'égard de l'Afrique. La peste Ebola ne menace nullement l'Occident pourtant, mais elle réveille les vieux fantasmes de la guerre bactériologique. D'autres maladies, comme la fièvre jaune, le paludisme, la maladie du sommeil, le sida, sont bien plus meurtrières… en Afrique. Ebola déclenche une réponse internationale car elle paraît menacer le monde. En réalité, elle n'est une fois de plus que le reflet de la pauvreté et du manque de moyens.

Cette Afrique-là, celle de la misère ordinaire, de la précarité avilissante et de la violence qu'elle engendre, existe toujours, dans les campagnes, les bidonvilles, les pays minés par les conflits. Il faut être touriste benêt, humanitaire naïf, riche homme d'affaire ou diplomate protégé pour l'ignorer. La violence subsiste au cœur même des sociétés africaines

Celle de l'esclavage, qui n'est toujours pas résolu et reste présent dans des pays aussi divers que la Mauritanie, le Ghana, le Niger, le Soudan. Comment expliquer que l'esclavage des enfants, l'asservissement des dominés, la condition servile héritée à la naissance, chez les Haratines, les Iklans, les Bellas, puissent demeurer une pratique répandue en Afrique (où un quart de la population avait le statut d'esclave à la fin du XIXe siècle selon l'historienne Catherine Coquery-Vidrovitch) ? Comment expliquer qu'il perdure dans des pays aussi respectables que la Mauritanie, dont le président est à la tête de l'Union africaine et bénéficie d'un appui massif de l'Occident pour sa lutte antiterroriste ?

Celle du statut de la femme, toujours bête de somme dans les campagnes, massivement excisée, voire infibulée, presque toujours privée de la propriété de la terre qu'elle cultive, considérée comme inférieure face à la justice et l'héritage, où elle compte deux fois moins qu'un homme, confrontée au sida qui, et c'est l'exception africaine, concerne bien plus les femmes, obligées de supporter la polygamie ou la répudiation, que les hommes. Même un pays aussi avancé que le Kenya a rétabli en 2014 la polygamie sans limitation du nombre d'épouses et sans que l'autorisation de la première ne soit requise !

Celle des crimes rituels et des croyances populaires, qui vous condamnent à être sacrifié, lynché, démembré, sur la foi d'accusations d'autant plus irréfutables qu'elles appartiennent au registre de la sorcellerie, des pratiques occultes, de la magie noire.

Celle de la pauvreté ordinaire des campagnes : un enfant sur dix meurt toujours avant l'âge d'un an malgré les faibles progrès (comparés au reste du monde) enregistrés grâce à une aide extérieure massive.

Celle de l'ignorance. La moitié des enfants non scolarisés dans le monde vit en Afrique. La malnutrition, le pic de mortalité des bébés au moment du sevrage, le refus de regarder en face certaines maladies, telles le sida ou Ebola, considérées comme des « inventions de Blancs » ou des malédictions, dont il ne faut même pas prononcer le nom sous peine de les attirer sur soi, sont d'abord des conséquences trop souvent dramatiques de cette ignorance.

Celle des désillusions. La majorité de la population du continent ne sort pas de la pauvreté malgré l'émergence. La tentation de l'émigration séduit autant ceux qui ont perdu confiance en l'avenir que, et c'est plus inquiétant encore, ceux qui ont réussi. Le changement climatique menace autant les campagnes que les villes. Dans la plupart des pays, il suffit d'une étincelle pour déclencher un conflit religieux, ethnique ou politique, pour susciter les règlements de compte, les massacres, la violence qui couve sous les paillettes d'une croissance accaparée par quelques-uns seulement.

Une immense zone d'effondrement

Au cœur du continent se dessine une vaste zone d'effondrement, minée par la montée de l'islamisme et des rébellions. Aux portes mêmes de l'Europe, le plus grand désert du monde, le Sahara, est devenu l'épicentre d'une guerre sainte contre l'Occident. Le « Djihadistan » se propage. Le risque est de voir s'unir demain un immense front islamiste, reliant l'Afghanistan à la Mauritanie en jetant ses tentacules vers le sud, au Nigeria, en

Centrafrique, au Mali, au Kenya. L'État le plus puissant du continent, le Nigeria, est miné de l'intérieur par la montée de l'islamisme, les atteintes aux personnes, les sabotages dans les villes, les guerres de religion. Le nord-est du pays est livré au terrorisme de ceux qui refusent l'éducation occidentale, ce péché, mais aussi les campagnes de vaccination et la scolarisation des jeunes filles.

Cette zone d'effondrement au cœur même du continent et la violence latente née des rancœurs et des frustrations d'une jeunesse privée d'avenir sont les deux germes de pourrissement qui minent le décollage africain. Elles ne menacent pas seulement l'Afrique, mais le monde. Parce que de plus en plus nombreux sont les migrants qui tentent de quitter le continent. Parce qu'une jeunesse déçue par le mirage urbain et l'ampleur du sous-emploi est désormais prête à mener tous les combats. Combien marginaliser plus de la moitié d'une population, celle qui a moins de vingt-cinq ans ?

Certes, il n'existe pas une Afrique, mais des Afriques. Plus de 800 projets d'interconnexion tentent d'ailleurs de construire une unité au continent, de jeter des ponts, des voies ferrées, des autoroutes, des câbles pour pallier une extraversion largement héritée de l'histoire. La Banque africaine de développement (BAD), avec son fonds Africa50, veut mobiliser 100 milliards de dollars en dix ans afin de bâtir les infrastructures de demain. Mais au quotidien, l'intégration régionale reste un leurre. Déjà parce que moins du cinquième des routes est goudronné. La plupart des pistes se transforment en fondrières à la saison des pluies. Il faut des heures pour rallier la ville voisine. Le téléphone portable y pourvoit… quand on trouve le réseau, quitte à monter sur le petit tas de pierres qui vous indique en brousse que vous pouvez à cet endroit précis capter le précieux signal.

Qu'il s'agisse de l'état de la voirie, des coupeurs de route, des innombrables accidents de voiture, première cause de mortalité du continent, circuler d'un pays à l'autre reste une aventure à haut risque. Aux obstacles physiques s'ajoutent les innombrables tracasseries administratives : à chaque frontière, des formalités interminables. Le changement des procédures est aussi brutal qu'imprévisible. Présenter son passeport vous soumet au bon vouloir de l'homme en uniforme qui l'examine interminablement, cherchant le moyen de vous prouver que vous êtes en tort. Trop de « corps habillés », comme on les appelle en Afrique, sont devenus des « corps à billets ». Les trois B (Barrages, Bakchichs, Brigands) guettent le voyageur. Quel paradoxe que de pouvoir être relié au reste du monde par le téléphone sans réussir à gagner en voiture le village voisin ! De pouvoir communiquer dans les villes avec la famille partie en Europe sans parvenir à se déplacer dans son pays !

Il existe au cœur du continent un véritable trou noir, qui est non seulement celui du Sahel en rébellion, mais aussi celui de l'Afrique centrale, où l'intégration régionale reste largement un mythe dès que l'on quitte l'univers rassurant des aéroports et des quartiers centraux des villes. Si l'Afrique précoloniale ignorait ses rivages, l'ère de la colonisation a inversé les flux : les grandes villes sont très souvent situées au point de rupture de charge entre les réseaux ferrés et la voie maritime vers les anciennes métropoles, c'est l'Afrique maritime, celle des ports, qui se développe.

Malgré quelques constructions en cours, les réseaux de transport restent orientés vers l'extérieur et relient peu entre eux les pays africains, même lorsqu'ils prétendent bâtir une intégration régionale. Excepté quelques dictatures qui hissent leur pays d'une poigne de fer sans tolérer la moindre opposition, les taux de croissance les plus élevés s'observent surtout là où règne le pétrole et là où il y a un rivage : l'enclavement pénalise l'arrimage à la mondialisation, surtout quand vos principales exportations restent limitées en nombre et essentiellement composées de produits primaires, miniers d'abord, car l'agriculture, malgré son potentiel immense, souffre du mépris dans lequel elle a été tenue.

Voir l'Afrique nue

La croissance africaine reste ainsi largement extravertie : elle dépend d'abord du nouveau regard que portent sur le continent ses partenaires extérieurs, en quête de minerais, de pétrole, de terres, d'un marché aussi. Elle dépend de l'argent qu'y envoient ceux qui l'ont quittée, la diaspora de l'étranger, ou encore de ceux qui veulent avoir accès à ses richesses. S'y ajoute la manne certes philanthrope mais intéressée de ceux qui ne supportent pas sa pauvreté, parce qu'ils y voient une menace pour le reste du monde comme pour la sécurité de leurs investissements.

Tout comme les beaux habits neufs de l'empereur ne sont que poudre aux yeux pour ceux qui refusent de s'en tenir aux apparences illusoires des taux de croissance, d'autant plus mirifiques qu'ils partent de montants dérisoires, il ne faut pas avoir peur d'affirmer que l'Afrique est nue. Cela ne veut pas dire que son corps est laid. Mais la vêtir des oripeaux factices de l'émergence est prématuré. Nommer les maux, c'est aussi permettre de les affronter.

Non, l'Afrique n'est pas si bien partie. Elle connaît certes une embellie, des succès, des redressements spectaculaires. Mais la vérité, c'est que les vraies réussites s'individualisent en taches de léopard sur une toile de fond qui reste celle du sous-développement et de la précarité. Il faut dire la vérité : l'Afrique, ce n'est toujours que 1,6 % du PIB mondial (4,5 % en parité de pouvoir d'achat) ! Trois pays seulement, l'Afrique du Sud, le Nigeria et l'Égypte représentent à eux seuls la moitié de ce PIB. Un tiers des pauvres de la planète vit toujours en Afrique !

Les baobabs florissants exhibés par la presse et les magazines en quête de belles histoires masquent la forêt quotidienne, qui est celle de la lutte pour la survie de centaines de millions d'êtres humains que le reste du monde méprise ou ignore, à commencer par leurs propres concitoyens plus nantis. Conscients de la précarité et des convoitises qui les entourent, ils se barricadent dans leurs maisons, leurs quartiers, leurs écoles réservées et coûteuses, où leurs enfants deviennent citoyens du monde et partent étudier à l'étranger, et veillent à se réserver le privilège de vivre bien, très bien même, en refusant de voir qu'autour d'eux, les exclus guettent la moindre de leurs faiblesses. Dans ce contexte, les explosions sociales dégénèrent très vite en pillages généralisés, véritables guerres civiles où les pauvres peuvent enfin, l'espace de quelques heures ou de quelques jours, mettre à sac cette richesse interdite et se servir à leur tour.

Un retard qui ne se comble pas

L'Afrique sera développée quand le taux de mortalité infantile sera passé sous le seuil symbolique de 50 ‰, qui est aujourd'hui celui de la majorité des pays dits en développement. Elle affiche pour l'instant presque le double, hormis en Afrique du Nord, infiniment plus avancée malgré la situation désastreuse des campagnes marocaines. Un enfant sur deux qui meurt dans le monde avant l'âge d'un an vit en Afrique ! Il y a une génération, en 1990, c'était un sur trois. En 1990, un pauvre sur cinq dans le monde était africain. Aujourd'hui, c'est un sur trois. Le reste du monde avance plus vite que l'Afrique subsaharienne.

L'Afrique sera développée quand elle ne cumulera pas les maladies de la tropicalité, ou plutôt de la pauvreté en milieu tropical, que sont les bilharzioses et les leishmanioses, la maladie du sommeil (trypanosomiase), le noma ou le paludisme, avec les maladies de la modernité que sont les pathologies cardiovasculaires, le diabète et les cancers dus au tabagisme et à l'alcool, en y associant en outre toutes les pathologies émergentes, liées aux concentrations de populations pauvres et peu informées, des explosions de choléra en ville à la virulence de l'épidémie de sida, en passant par les très inquiétants foyers de fièvre Ebola et Marburg.

Elle sera développée quand cette île si riche et si bien dotée qu'est Madagascar ne sera plus l'épicentre mondial d'une maladie d'un autre âge, la peste. Quand le sida cessera d'être d'abord une maladie africaine, dont la spécificité est, sur ce continent, d'affecter en majorité des femmes hétérosexuelles. Près de 25 millions d'Africains sont séropositifs, dont 3 millions d'enfants, contaminés par leur mère à la naissance ! Beaucoup ignorent leur statut, ne veulent pas le connaître pour ne pas être socialement stigmatisés, puisque le sida est toujours considéré comme une malédiction, l'aveu d'une faute, et ne sont pas soignés. Chaque année, 1,5 million de personnes continuent d'être contaminées. Une sur sept est un enfant. Bien que sa prévalence tende à diminuer, le sida tue désormais en Afrique deux fois plus que le paludisme : 1,1 million de décès chaque année ! Et l'Afrique du Sud reste le pays au monde le plus touché par l'épidémie : 5 millions de malades, autant qu'en Inde, pour une population plus de vingt fois inférieure. Partout sauf dans quelques pays particulièrement engagés dans la lutte contre la maladie, comme le Botswana, les préservatifs coûtent si cher qu'ils ne sont pas accessibles à la majorité de la population.

L'Afrique sera développée quand elle nourrira ses paysans, au lieu de louer leurs terres pour que d'autres les mettent en valeur à sa place, dépensant 35 milliards de dollars par an pour acheter à l'extérieur ce qu'elle pourrait parfaitement produire elle-même. Quand elle ne comptera plus 250 millions de sous-alimentés, un quart de sa population, alors qu'ils n'étaient « que » 173 millions en 1990.

L'Afrique sera développée quand un piéton ou un cycliste pourront se payer le luxe de la traverser de bout en bout sans se faire renverser, disparaître ou tout perdre. Les accidents de la circulation restent la première cause de mortalité dans le continent. Et l'insécurité ordinaire le lot quotidien.

L'Afrique sera développée quand elle cessera d'accuser le reste du monde de ses malheurs et quand les bons samaritains de l'humanitaire n'y proliféreront pas comme des mouches sur une charogne. Quand on cessera d'y tolérer le malheur comme une donnée ordinaire. Quand on cessera d'organiser de grands sommets pour se pencher doctement sur ses problèmes, nourrissant de mots, décennie après décennie, une société qui attend des actions concrètes.

Elle sera développée quand le reste du monde, enfin, ne s'autorisera plus à la traiter comme un continent dans l'enfance, s'ébaudissant de ses progrès tout en la traitant comme une mineure, avec une commisération et une condescendance apitoyées. Quand ce sera elle qui enverra des ONG soigner les pauvres des autres, elle qui édifiera des murs pour se protéger des migrants, elle qui mettra sur pied des armées pour remettre de l'ordre hors de ses frontières, au lieu de subir l'ostracisme du reste du monde.

Alors oui, elle sera bien partie. Très bien partie. Avec un quart de l'humanité, elle occupera alors une place unique, dominante, indiscutable. Mais ce temps-là n'est pas encore arrivé, loin s'en faut.

Fatalité ? Certainement pas !

La revanche de l'Afrique ?

Longtemps perçue comme le continent des échecs, l'Afrique est aujourd'hui désignée comme celui de l'émergence. Mais les visions trop optimistes sont aussi mensongères que les verdicts accablants d'hier. Sa croissance économique, supérieure à 5 % par an depuis le début des années 2000, fait de l'Afrique, comme la Chine, une exception dans la mondialisation. Pour Lionel Zinsou, l'Afrique est entrée dans ses « Trente Glorieuses ». Depuis le début des années 2000, l'Afrique du Sud a été ajoutée aux Bric, l'acronyme créé par la firme Goldman Sachs pour désigner les émergents. Les voici désormais Briics (Brésil, Russie, Inde, Indonésie, Chine, Afrique du Sud).

La situation de l'Afrique n'a ainsi plus rien à voir avec celle des années 1990, où les lendemains de la guerre froide voyaient ses régimes autoritaires privés de leurs appuis géopolitiques.

Les taux de croissance annuels du PIB les plus rapides (2008-2013)

Sierra Leone + 9,4 %
Rwanda + 8,4 %
Éthiopie + 8,4 %
Ghana + 8,11 %
Mozambique + 7,25 %
(pour mémoire : Chine + 9,07 %)

L'Afrique était alors un continent pauvre, endetté, en guerre, un véritable tombeau pour les politiques d'aide. Son destin s'est inversé.

Elle a connu un désendettement exemplaire. L'Afrique a ainsi bénéficié de mesures extrêmement favorables de la part de ses créanciers occidentaux, notamment avec l'initiative PPTE (pays pauvres très endettés), lancée en 1996, complétée en 2005 par l'Initiative d'allégement de la dette multilatérale : une trentaine de pays ont mené de vigoureuses réformes internes (d'inspiration libérale), ce qui leur a permis de voir 90 % de leur dette publique annulée, bilatérale et multilatérale, un cadeau de 120 milliards de dollars. La dette de l'Afrique par rapport à son PIB a ainsi été divisée par quatre depuis 1994 (20 % en 2010), et le service de la dette divisé par trois, pour ne plus représenter, toujours en 2010, que 5 % des exportations de biens et de services.

Hélas, la plupart des pays ayant vu leur dette annulée renouent avec les anciennes pratiques, et contractent de nouveau sur les marchés financiers mondiaux de lourds emprunts, qui risquent de les replacer dans une situation délicate d'ici quelques années, si l'argent reçu aujourd'hui n'est pas correctement employé pour dégager les revenus permettant de le rembourser demain. Qu'il s'agisse des Seychelles ou du Ghana, précurseurs en la matière, mais aussi du Nigeria, du Sénégal, du Gabon ou de la Zambie, les émissions d'obligations souveraines ont explosé. La Chine, les pays arabes, les ex-pays soviétiques prêtent généreusement, en échange d'accès privilégiés aux matières premières et aux gisements de pétrole. Épongeront-ils eux aussi la dette de leurs débiteurs lors de la prochaine crise financière ?

L'Afrique, atelier et futur marché du monde

Pour un PIB encore peu élevé, puisqu'il dépasse à peine 2 000 milliards de dollars, l'Afrique n'en compte pas moins une classe moyenne d'environ 300 millions de personnes, même si nous verrons un peu plus loin à quel point cette classe moyenne reste pauvre et précaire. Le *made in Africa* émerge, avec la création de zones franches dans les pays les plus stables, comme l'île Maurice ou l'Éthiopie, permettant de contourner les dispositifs protectionnistes qui obèrent aujourd'hui les exportations chinoises à destination de l'Europe et des États-Unis. L'Afrique, elle, bénéficie de dispositions commerciales extrêmement favorables : « Tout sauf les armes » pour l'Europe, permettant l'importation en franchise de douane d'une majorité de productions africaines, African Growth Opportunity Act (Agoa) pour les États-Unis, ouvrant le marché américain aux pays qui acceptent en retour de faciliter ses investissements.

En juillet 2014, la Cedeao (Communauté économique des États d'Afrique de l'Ouest) signe avec l'Union européenne le premier accord de partenariat économique (APE) global. Le but est de démanteler les obstacles tarifaires et non tarifaires pour renforcer les échanges entre les deux zones économiques, tout en satisfaisant aux règles de l'Organisation mondiale du commerce. L'Afrique est devenue un partenaire à part entière dans les relations internationales ; elle ne reste plus enfermée dans le pacte colonial, qui lui assignait la production de produits bruts en échange des marchandises en provenance des anciennes métropoles ; la porte est ouverte à son industrialisation, à la transformation sur place de ses matières premières, à la création de zones industrielles. La voie est libre pour quitter l'économie de rente qui caractérisait la plupart de ses pays depuis les indépendances.

L'Afrique, nouvel atelier du monde ? L'Afrique prenant la suite de l'Asie orientale, désormais développée, pour fabriquer à bas prix les produits à faible valeur ajoutée exportés en masse vers les pays du Nord ? Il faut souhaiter au continent un autre destin, d'abord parce que son marché intérieur, formé d'anciens pauvres qui rêvent d'accéder à de multiples biens de consommation, offre des opportunités locales à l'industrialisation, ensuite parce que cette attirance des multinationales pour l'Afrique atelier se fonde sur le niveau très bas des salaires pratiqués dans certains pays. Comme en Éthiopie, où il n'existe pas de salaire minimum pour le secteur privé. À l'heure où les travailleurs asiatiques revendiquent des conditions de vie meilleures, ceux d'Afrique ne doivent pas rester taillables et corvéables à merci. Le rattrapage africain ne passe pas par la reproduction du modèle est-asiatique des années 1960, mais par la mise en place d'une économie de biens et de services fabriqués par des Africains pour des Africains. Le *made in Africa* doit être d'abord un *made for Africa*. Les entreprises agro-alimentaires ou cosmétiques, les entreprises de téléphonie qui cherchent à développer tous les services sur mobiles, les chaînes de distribution et les banques le savent bien. L'appétence pour les produits alimentaires importés, le marché de la « beauté noire », les attentes des bourgeoisies montantes ouvrent de nouveaux champs de croissance aux multinationales. Mais ce rattrapage passe aussi et surtout par le renforcement des capacités locales, à l'image du leader français des huiles, Sofiprotéol, détenteur de la marque Lesieur, qui s'est associé aux brasseries Castel pour développer dans toute l'Afrique de l'Ouest une filière de production, de transformation et de distribution d'huiles alimentaires, Copéol. Quand un pauvre s'enrichit, il commence à mettre des produits gras dans sa nourriture, avant d'y adjoindre des produits laitiers et des viandes.

Pourtant, les investissements dans ces domaines, certes importants, ne doivent pas masquer la réalité : ce sont les industries extractives qui remportent le jackpot. Si l'Afrique suscite les convoitises, ce n'est pas d'abord en tant que marché de consommation, mais parce que le vieux socle géologique du continent recèle de nombreuses ressources minières et énergétiques. 95 % du platine mondial, 75 % du phosphate, 50 % du cobalt et du chrome, le quart de la bauxite[1]… Et les neuf dixièmes des res-

1- Voir tableau ci-contre.

L'Afrique : une réserve majeure de ressources minérales et pétrolières

Production de minerais par pays, 2010

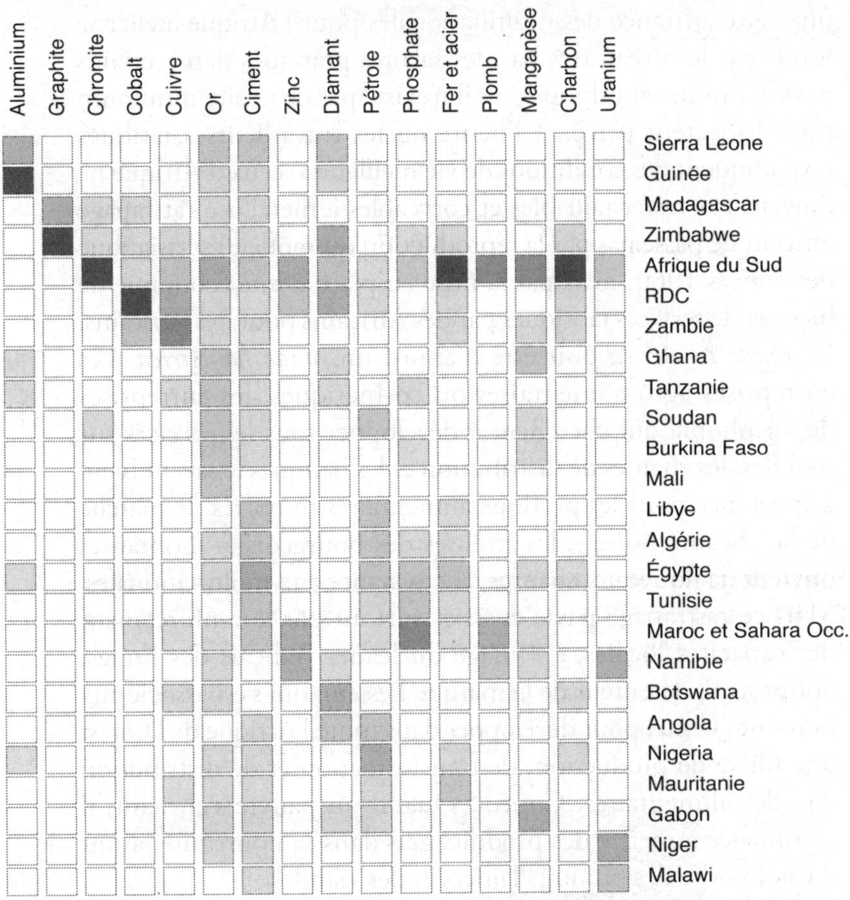

NB : les petits producteurs (moins de 4 % d'un métal) n'ont pas été retenus.

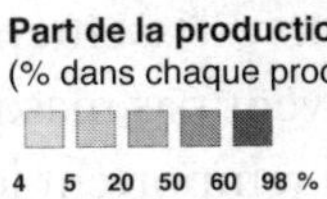

Part de la production africaine dans la production mondiale (%)

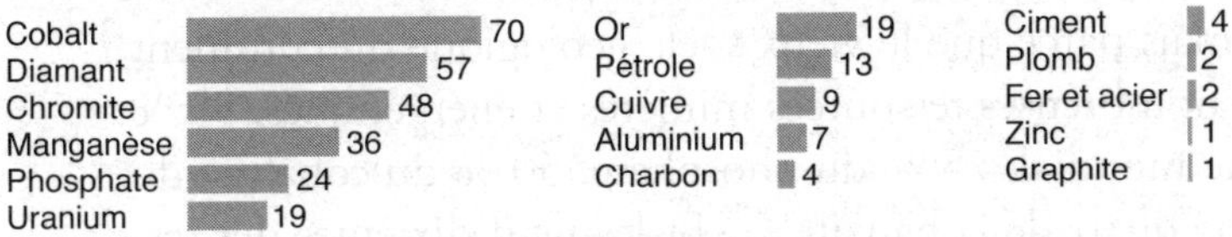

Source : U.S. Geological Survey, 2010 Mineral Yearbook - Africa, www.usgs.gov
Document extrait de J. Lorgeoux, J.-M. Bockel (dir., *op. cit.*)

Des financements croissants et de plus en plus variés

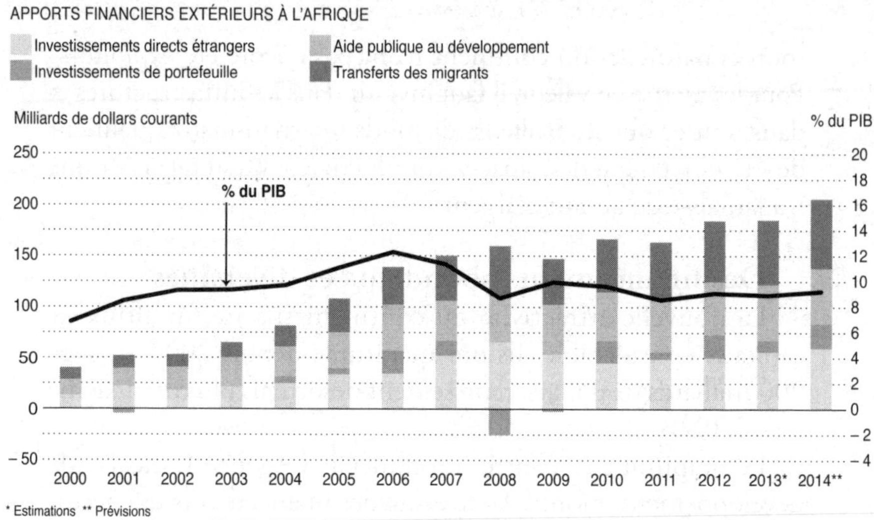

Source : Banque mondiale.

Engagement des principales institutions financières de développement en Afrique Subsaharienne en 2011 (en millions d'euros)

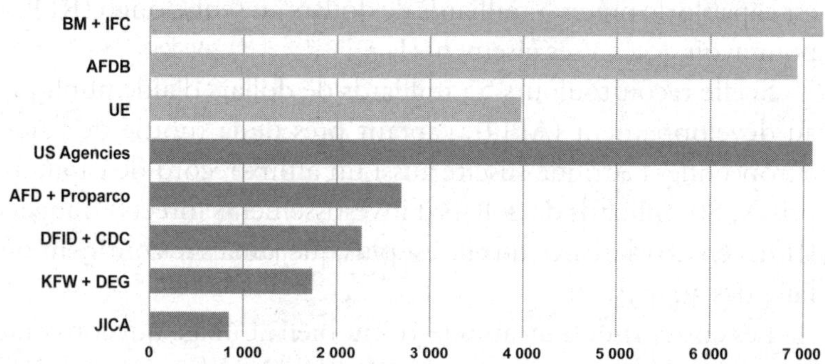

BM : Banque mondiale
IFC : International Finance Corporation
AFDB : African Development Bank
UE : Union européenne
Proparco : Promotion et participation pour la coopération économique (AFD)
DFID : Departement for international development (agence de coopération britannique)
CDC : Caisse des dépôts et consignations
KFW : Kreditanstalt Für Wiederaufbau (banque allemande pour le développement)
DEG : Deutsche Investitions und Entwicklungsgesellschaft
JICA : Agence japonaise de coopération internationale

Source : AFD.

sources naturelles du continent n'ont pas encore été exploitées ! Pour les mettre en valeur, il faut investir dans les infrastructures et dans tout ce que les bailleurs de fonds internationaux qualifient de « renforcement des capacités productives ». Résultat : l'Afrique n'a jamais reçu autant d'argent.

Des financements abondants et diversifiés

La nouvelle attractivité du continent suscite un afflux de capitaux considérable. Ils ont quadruplé depuis 2000 et, avec 200 milliards de dollars, représentent désormais plus du dixième de son PNB.

Le graphique ci-contre, produit par l'Agence française de développement, montre la diversité des financements que reçoit l'Afrique au titre de l'aide publique au développement (APD). La liste impressionnante des bailleurs de fonds multilatéraux le montre : le continent continue d'être l'épicentre de la générosité internationale. Et encore le graphique ne mentionne-t-il pas les aides issues des pays émergents, elles aussi colossales : la Chine est capable de prêter 5 milliards de dollars au seul Congo (RDC) pour avoir accès à ses gisements !

Si elle reçoit toujours 55 milliards de dollars d'aide publique au développement (APD), captant près de la moitié de l'aide européenne, l'Afrique suscite aussi un afflux record de capitaux privés : 80 milliards de dollars d'investissements directs étrangers (IDE) en 2014 ! Parce qu'elle est plus que jamais le continent où faire des affaires.

Les entreprises françaises le savent bien : Eiffage qui construit autoroutes, ports, ponts dans sa tête de pont africaine qu'est le Sénégal et se développe de plus en plus sur le reste du continent, Bouygues, à l'œuvre pour le nouveau pont Henri-Konan-Bédié et le tramway d'Abidjan, Bolloré qui vient de rafler le deuxième terminal à conteneurs de cette ville, Colas à qui a été confié le TGV Tanger-Kenitra au Maroc comptent sur l'Afrique pour garantir leur développement et s'affrontent avec les entreprises chinoises pour rafler les appels d'offres. Mais ces dernières bénéficient d'un avantage comparatif : elles sont en moyenne un tiers moins cher, importent leur main-d'œuvre, qui vit en vase clos et accepte les conditions les plus dures, au point que la rumeur en Afrique dit que la Chine y exporte ses prisonniers. Ces entreprises, souvent à capitaux publics, bénéficient en tout cas d'un large soutien du gouvernement chinois car elles s'inscrivent dans une logique de souveraineté et d'accès aux matières premières. En dépit de cette concurrence qui leur taille de sérieuses croupières, les Français parviennent à se maintenir en raison de leur savoir-faire, de leur expérience, de leurs technologies de pointe, et de réseaux relationnels anciens en Afrique francophone. Une entreprise mondiale comme Total est présente dans la majeure partie des pays africains, soit par son réseau de stations-service, soit par ses raffineries et ses permis d'exploitation. La technologie qu'elle a développée lui permet d'explorer les gisements les plus profonds et les plus difficiles d'accès, en mer comme à terre.

Cette polarisation sur l'Afrique des matières premières explique que seul un petit nombre de pays riches en ressources naturelles rafle l'essentiel de la mise des investisseurs privés : Nigeria, Angola, Afrique du Sud, Ghana, Maroc… mais aussi le Mozambique, où la mise en valeur prochaine d'un énorme gisement gazier et de réserves colossales en charbon laissent entrevoir la mutation de cet ancien pays pauvre en une opulente puissance énergétique. Les pays émergents du Sud, Chine en tête, mais aussi Inde, Brésil, pays du Golfe, Turquie, Malaisie, Corée, se ruent vers ces coffres-forts riches en pétrole, en gaz, en charbon, en minerais rares ou stratégiques. Les pays qui disposent de ces ressources si convoitées ont le choix de leurs partenaires et font jouer la concurrence pour attribuer leurs licences et leurs concessions d'exploitation. Ce sont eux qui donnent l'illusion d'une Afrique émergente. Les autres restent pauvres et traversés de convulsions internes. Leur faible niveau de développement et leur vulnérabilité expliquent pourquoi le monde lorgne sur les immenses réserves foncières[2] du continent : 60 % des terres arables considérées comme vacantes ou sous-utilisées dans le monde se trouveraient en Afrique, suscitant la « ruée sur les terres » que l'on observe autant au Soudan, qu'à Madagascar ou en Éthiopie. Réserves de terres et atouts miniers procurent à l'Afrique un avantage comparatif de premier plan, alors que les préoccupations du développement durable se focalisent sur la limitation des ressources face à une humanité en forte croissance.

L'Afrique est aussi devenue un enjeu stratégique de premier plan dans l'accès aux matières premières. Les rendements agricoles restent pour l'instant les plus faibles du monde, avec moins d'une tonne à l'hectare pour les céréales (contre 7 à 10 tonnes en France), et moins de 0,5 litre de lait par jour et par vache (contre 25 litres en France). Le potentiel de production du continent, à l'heure où il faudra produire un milliard de tonnes de céréales en plus d'ici 2050 pour nourrir le monde, semble donc colossal. Encore faut-il pouvoir le mobiliser. Pour l'instant, les importations agricoles dépassent les exportations de près d'un tiers. Car le processus de modernisation agraire se heurte à des freins fonciers et politiques puissants.

Le trésor ou la pitié

Les pays qui ont su valoriser la manne des ressources naturelles sont courtisés par les grandes puissances du Nord et du Sud. Les autres restent pauvres et traversés de convulsions internes. Le grand clivage africain est en effet celui qui oppose les quelques pays qui captivent parce qu'ils disposent d'un véritable trésor et la grande majorité de ceux qui apitoient et effraient en raison de leurs difficultés.

2- Voir page 128.

D'un côté moins de dix « riches » à l'échelle africaine, qui disposent de plus de 4 000 dollars de revenu annuel par habitant. Nous sommes certes bien loin des niveaux atteints par les vrais puissants du monde, monarchies du Golfe persique, Suisse, Singapour et bien sûr pays de l'OCDE, qui en disposent globalement de dix fois plus. Mais ces dix pays ont quitté la pauvreté, même s'ils continuent pour la plupart d'abriter un grand nombre de pauvres en raison d'inégalités de revenu internes considérables.

À l'autre extrémité, les autres. Les pauvres. 27 pays ont eu une croissance moyenne de leur PIB par habitant inférieure à 3 % entre 2000 et 2012. 27 pays, la moitié des 54 pays africains ! Leur PNB par habitant reste inférieur à 1 000 dollars et, bien sûr, ils se situent en queue du peloton mondial pour l'indice de développement humain (IDH), qui prend en compte non seulement la richesse mais le niveau de santé et d'éducation. Ces 27 pays continuent de dépendre de l'aide publique, qui assure toujours la moitié de leurs apports financiers extérieurs. Beaucoup restent largement des pays mendiants, prêts à actionner tous les ressorts, de la compassion à l'agressivité, pour continuer à percevoir les fonds de la communauté internationale, hélas bien injustement redistribués. Se présenter comme des victimes, victimes de la traite avant-hier, de l'échange inégal hier, du changement climatique aujourd'hui, leur permet de sommer les coupables de réparer l'injustice… aussitôt oubliée dès lors qu'il s'agit de redistribuer la manne ainsi extorquée.

D'où viennent les 50 milliards de dollars qui quittent illégalement le continent chaque année et lui font perdre près de 6 % de son PIB ? De l'aide détournée, de l'argent du pétrole qui n'est pas affecté à la comptabilité publique mais placé sur des comptes privés, de la corruption institutionnalisée, face à laquelle chacun ferme les yeux, sinon quelques ONG. Les entreprises y voient un passage obligé pour remporter les marchés. Les bailleurs de fonds pensent qu'il faut fermer les yeux pour qu'un peu d'argent parvienne aux nécessiteux. Les chefs d'État étrangers savent qu'il leur faut se taire s'ils veulent pouvoir conserver leurs alliés géopolitiques et fournir du travail à leur population active frappée par le chômage : un autre pays, moins regardant, risque de rafler la mise à leur place ! En Afrique, la vertu est l'apanage des faibles. L'Europe qui joue les moralisatrices en paie chaque jour le prix fort : elle est devenue une super ONG qui dispense son aide généreuse à l'Afrique pour que celle-ci en fasse bénéficier des partenaires plus compétitifs – parce qu'ils pratiquent le moins-disant social et environnemental – et moins exigeants – parce qu'ils évitent soigneusement de donner des leçons de morale sur les droits de l'homme. Les entreprises des pays émergents conquièrent ainsi des marchés sur le continent grâce à la manne de l'aide de l'Europe et à son détriment !

Entre les riches à plus de 4000 dollars de revenu par tête et les pauvres à moins de 1000, se trouvent les pays dits à revenu intermédiaire, qui bénéficient tour à tour des IDE et de l'APD, mais surtout des revenus d'une communauté de migrants dispersés à travers le monde. Ils adressent à leur pays d'origine le fruit de leur travail, dans les pays du Nord et le Golfe persique essentiellement, en acquittant au passage de lourds frais de transfert. Ces flux d'épargne, estimés à 67 milliards de dollars, font vivre environ 120 millions de personnes, plus du dixième de la population africaine. Pour certains pays comme le Cap Vert, dont les ressortissants sont plus nombreux à l'extérieur du pays qu'à l'intérieur, ou le Mali, cette manne des diasporas est essentielle.

Dans l'éventail des revenus dont disposent les pays africains, reste enfin le produit de leur activité : les recettes liées aux exportations. Elles restent hélas essentiellement axées sur des produits primaires. En dehors des produits miniers et énergétiques, ces exportations restent dérisoires : s'il représente 22,5 % des terres émergées et 15 % de la population de la planète, le continent n'assure que 2 % des exportations agricoles mondiales !

L'Afrique continue d'exporter massivement des produits bruts, peu diversifiés, ce qui signifie que l'économie d'un grand nombre de pays dépend du cours de matières premières dont les prix sont fixés loin de l'Afrique. Un tout petit nombre de produits phares assurent l'essentiel des recettes d'exportation, mais ils sont exportés en l'état, ou très peu transformés, et leur cours se caractérise par une volatilité telle qu'il est difficile de tabler sur eux pour mettre en place des politiques de développement à moyen terme.

Des économies très hétérogènes
encore largement rentières et sous-industrialisées

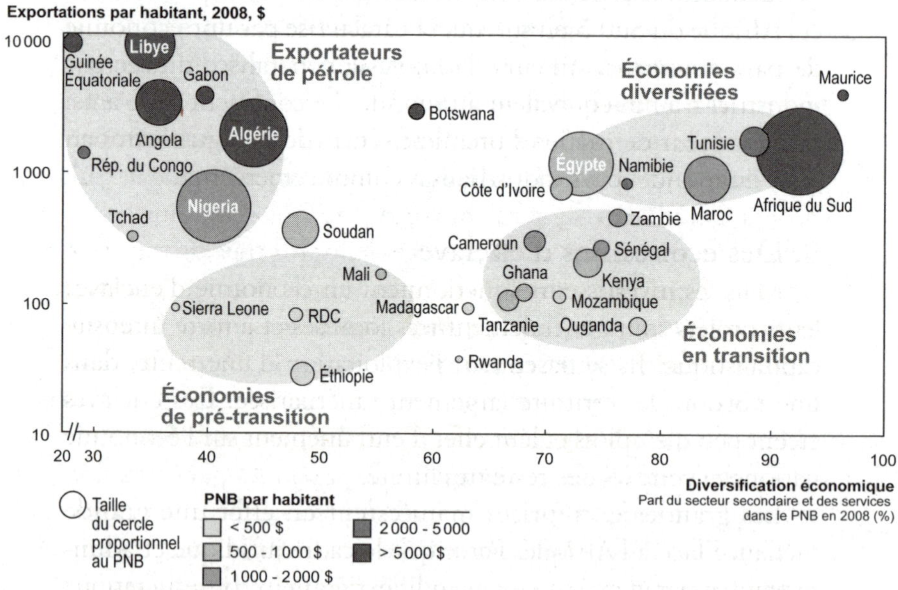

SOURCE : OCDE, Banque Mondiale, Mac Kinsey.

NOTE : Pays dont le PNB est égal ou supérieur à 10 milliards de dollars en 2008 ou dont le taux de croissance du PNB est supérieur à 7 % entre 2000 et 2008. Les 22 pays représentant moins de 3 % du PNB africain ne sont pas pris en compte.

À l'image de l'Éthiopie, qui joue sur ses salaires très faibles et une législation très avantageuse pour les entreprises étrangères pour s'industrialiser, la plupart des pays tentent de modifier cette situation. Le Gabon prépare l'après-pétrole en misant sur la transformation de ses matières premières sur place grâce à des investissements privés. Refusant désormais l'exportation de ses grumes, il tente de mettre sur pied une filière de transformation du bois sur place, amorçant le processus qui vise à créer de la valeur ajoutée sur le continent, au lieu d'alimenter la même sempiternelle économie de rente.

Une véritable volonté de développer l'industrialisation locale anime aussi tous les pays qui disposaient déjà d'un tissu assez diversifié, comme le Sénégal, tête de pont de l'ex-AOF (Afrique occidentale française), le Kenya, l'île Maurice, l'Afrique du Nord et l'Afrique du Sud bien sûr, qui se caractérise par une économie de pays émergent. Ailleurs, la faiblesse généralisée du secteur industriel n'a nul équivalent au monde. Le continent reste ainsi le fournisseur de matières premières et de denrées primaires au reste du monde, pays industrialisés comme émergents.

Des économies d'enclave

Mais les investisseurs fonctionnent en économie d'enclave : leurs projets sont généralement très localisés et à forte intensité capitalistique. Ils se basent sur l'exploitation d'une rente, dans une portion de territoire largement sanctuarisée. Ces enclaves créent peu d'emplois et leur effet d'entraînement sur l'économie nationale, voire locale, reste très limité.

Les grandes entreprises manifestent en effet une grande méfiance face à l'Afrique. Parce que le cadre juridique et administratif apparaît extrêmement codifié, rigoureux, bureaucratique et formaliste, mais que quelques enveloppes judicieusement attribuées peuvent permettre aisément de le contourner. Parce qu'une crise politique, un changement de gouvernement peuvent aisément aboutir à la spoliation des investissements réalisés. Des progrès importants restent à faire en matière de droit des affaires, de stabilité des institutions et de sécurisation des investissements. Il existe ainsi de nombreux entrepreneurs africains talentueux, mais leurs entreprises et leurs affaires ne se portent bien que lorsqu'ils ont fait allégeance au pouvoir en place. Et, comme en Chine où l'on dit que « les toits qui dépassent attirent la pluie », pas question de contrarier les dirigeants politiques ou de prétendre les concurrencer dans les urnes, sous peine d'ennuis sans fin…

Quant à la main-d'œuvre, elle est considérée dans de nombreux pays comme volatile et faiblement qualifiée, ce qui suscite des écarts de productivité considérables avec les autres zones de production. L'Asie avait misé sur l'éducation et la qualification de sa population pour amorcer son processus de développement, l'Afrique souffre toujours d'un très important déficit de formation global, malgré des investissements considérables dans l'éducation, qui aboutissent surtout à hypertrophier l'offre en sciences humaines, au détriment des besoins du marché en techniciens, en ingénieurs, en scientifiques.

Même si cette économie d'enclave peut faire illusion – il existe toujours quelques magnifiques, voire mirifiques, réalisations, quelques partenariats modèles, à montrer aux bailleurs de fonds et aux journalistes étrangers –, la réalité demeure donc que l'Afrique produit peu par elle-même et qu'elle ne fournit de ce fait que peu d'emplois à sa population. Le secteur de l'industrie ne représente qu'un tiers du PIB du continent, le secteur agricole 16 %. Reste le secteur tertiaire, celui des services, qui assure la moitié du PIB. Mais au sein des services, beaucoup sont informels et n'engendrent nullement la construction d'un secteur productif qui s'auto-alimenterait.

Un modèle peu durable

La croissance africaine résulte ainsi largement d'un effet d'aubaine, le prix élevé des matières premières, et d'une logique de consommation, qui la pousse à se procurer très largement à l'extérieur les biens qu'un petit nombre de personnes peuvent s'acheter grâce à leur richesse nouvelle. Mais ce modèle de croissance n'est pas durable, d'une part parce que les prix des matières premières ne cessent de fluctuer, ensuite parce que la faible création d'emplois ne permet pas de diminuer la pauvreté. Les inégalités se creusent, porteuses de rancœur et de violence.

Plus grave encore : pour vaincre les réticences des investisseurs, la tendance des gouvernements est de se vouloir les plus attractifs possibles. Leur laisser-faire social et environnemental s'obtient en échange de contreparties occultes. Trop de chefs d'État continuent de brader collectivement leur pays pour s'enrichir individuellement, eux, ainsi que leurs proches et leur famille.

Ainsi, la vision idyllique que certains médias nourrissent de l'Afrique aujourd'hui est aussi mensongère et simplificatrice que les tableaux de la désespérance qu'ils présentaient hier, quand le mot Afrique rimait avec guerres, famines, affrontements ethniques.

Autant les littoraux maritimes africains concentrent l'urbanisation et les migrations, laissant espérer un arrimage croissant de l'Afrique aux grandes aires de la mondialisation, autant le cœur du continent reste dans de nombreux pays une zone de non-droit où l'insécurité continue de régner. Beaucoup de pays, à commencer par la première puissance du continent, le Nigeria, ne maîtrisent pas leur territoire, dont les périphéries centrifuges échappent au contrôle de la ville capitale. L'armée ne s'y rend plus, les villageois sont rançonnés, tous les trafics y éclosent. L'arc de crise sahélien rencontre ainsi le ventre mou centrafricain et congolais et établit une jonction avec au sud la déstabilisation du nord-est du Nigeria par les islamistes de Boko Haram

(« l'éducation occidentale est un péché » en langue haoussa), qui rejaillit sur l'ouest du Cameroun et le sud du Tchad. « Le mode de vie kalachnikov », une arme si facile à se procurer partout en Afrique, qui procure immédiatement les richesses, le pouvoir et les femmes, inaccessibles quand la vie est faite d'expédients et la recherche d'un emploi rémunérateur vaine, exerce une séduction dangereuse sur une jeunesse désœuvrée et désillusionnée.

La tentation du chaos guette ainsi les jeunesses urbaines : même dans les régions les plus modernes et actives du continent, telle cette conurbation littorale de l'Afrique de l'Ouest, qui relie peu à peu toutes les grandes villes nées de la colonisation, la modernité et l'interconnexion avec le reste du monde font aussi courir le risque d'une révolte des jeunes urbains, sans espoir de s'employer dans le secteur formel et confrontés à la richesse des élites.

Aux portes mêmes des régions intégrées et en leur sein, grandit ainsi une vaste zone livrée à l'économie criminelle, qui progresse à l'intérieur du continent, du Sahara aux forêts, tous ces territoires flous où circulent les drogues, les armes et les trafics en tous genres. Initiée en 2009 à New York par les Nations unies et Interpol, la West African Coast Initiative témoigne de la prise de conscience de ce danger : elle vise à renforcer la capacité des pays d'Afrique de l'Ouest à combattre le crime organisé et les trafics illicites. Les grandes organisations terroristes essaiment en effet au cœur même des tissus urbains des vocations individuelles qui sont très difficiles à contrôler et à enrayer sans le développement de systèmes de surveillance renforcés. Cette Afrique de l'Ouest qui semble émergente n'est-elle pas aussi un territoire où les attentats peuvent soudain ensanglanter un marché, une mosquée, un village, sans qu'on sache qui en est à l'origine ? Où l'on peut détenir des Occidentaux en otage pendant des années, enlever près de 300 jeunes filles dans un lycée, les convertir de force à l'islam et les vendre comme esclaves (!) sans que l'armée du pays concerné, le Nigeria, ne réagisse (le reste du monde a mis près d'un mois avant de réaliser l'abomination de ce kidnapping de masse et de s'indigner temporairement, sans aucun effet concret) ?

L'Afrique reste répulsive pour une partie de ses habitants, qui rêvent de gagner d'autres contrées. Les dimensions bibliques de l'exode des migrants, à travers le Sahara, la Méditerranée et l'Atlantique, restent largement ignorées : la mortalité qui accompagne l'aventure périlleuse de l'exil ne nous parvient qu'à travers quelques naufrages et accostages médiatisés. Combien de morts anonymes, dans les étendues désertiques ou marines qui cernent les aires de départ ? Si 3 % seulement des populations africaines parviennent à quitter le continent, combien d'exils intérieurs, des pays enclavés (16 sur 54) vers les pays côtiers, des régions pauvres vers les pôles de développement urbain ? Combien d'échecs, de bidonvillisations ! En Afrique, s'applique la loi dite du doublement : pour une population qui croît d'un facteur x, la ville croît d'un facteur 2x, le bidonville d'un facteur 4x.

Si la classe moyenne africaine équivaut à celle de l'Inde, le nombre des malnutris aussi : la faim continue de sévir, malnutrition chronique, liée à la pauvreté et au sous-développement, qui touche plus du quart de la population (250 millions de personnes, chiffre certes en diminution mais bien trop élevé encore), mais aussi famines politiques, qui ciblent des populations indésirables dans des pays en guerre : pasteurs somalis dans leur propre pays mais aussi au Kenya et en Éthiopie, musulmans centrafricains, rivalités interethniques au Soudan du Sud et ethnocide des peuples « en trop » tels les Nubas du Soudan. Maillon faible de la mondialisation, comme l'écrivait le défunt Bolya, l'Afrique paraît un continent maudit, dont il faut empêcher, par l'endiguement humanitaire et le verrouillage des frontières occidentales, que ses malheurs ne nous reviennent en boomerang.

Militaires, Marchands, Missionnaires

Continent des grandes firmes pétrolières, l'Afrique reste aussi un laboratoire humanitaire, avec une prolifération d'ONG de toutes origines, qui y voient à la fois une immense terre d'évangélisation et le terrain d'expérimentation idéal pour leurs stratégies de lutte contre la pauvreté. Quand un homme a faim en Afrique, beaucoup se croient autorisés à lui apprendre non seulement à pêcher, s'imaginant détenir la vérité et les solutions toutes faites, mais aussi, et de plus en plus, à prêcher. Les églises de toutes obédiences et les prédicateurs font fortune. Bossuet écrivait que les grands désordres jettent aux grandes dévotions. Nulle part ailleurs qu'en Afrique les discours millénaristes, les sectes, la sorcellerie, les pratiques occultes, les excès de la foi et de la crédulité, quelle qu'elle soit, ne trouvent terreau plus fertile. Gardez-vous d'être albinos, évitez de donner à penser que vous portez le mauvais œil, ne naissez même pas jumeau, dissimulez soigneusement votre homosexualité : être différent vous condamne à mort. Être écharpé en quelques secondes par une foule enragée sur l'accusation fallacieuse d'être un voleur ou un rétrécisseur de sexe, d'avoir renversé un piéton imprudent ou porté atteinte à un enfant introuvable, reste toujours possible, à chaque instant, dans des villes où les difficultés de la survie au quotidien prêtent à la catharsis de la vengeance gratuite et aux défoulements expiatoires.

Marchands, Militaires et Missionnaires, les 3M qui faisaient les beaux jours de la colonisation continuent de prospecter activement le continent. Ils ont leurs territoires de déploiement, leurs stratégies, leurs rivalités. Derrière eux, se profilent les grandes zones d'influence géopolitique d'États qui n'ont jamais renoncé à placer leurs pions. Les bailleurs de fonds internationaux se succèdent en Afrique pour des tournées politiques dictées par leurs intérêts commerciaux et géostratégiques : la Chine, l'Inde, le Brésil, la Russie, nouvelles puissances du monde, se sont ajoutés aux influences anciennes et aux prés carrés traditionnels, mis à mal par ces nouvelles séductions.

Pourtant, la Françafrique, axée sur la Côte d'Ivoire, le Gabon, le Tchad ou le Congo, est loin d'avoir dit son dernier mot : les réseaux sont toujours bien actifs. « L'Afrique est notre avenir », proclament les sénateurs dans un volumineux rapport dirigé par deux fins connaisseurs du continent, Jeanny Lorgeoux et Jean-Marie Bockel. La France a plus que jamais besoin de l'Afrique, même si ses positions se sont considérablement effritées depuis le temps où Louis de Guiringaud, le ministre des Affaires étrangères de Valéry Giscard d'Estaing, affirmait que l'Afrique était le seul continent qui pouvait encore donner à la France l'illusion d'être une grande puissance, le seul où « avec 500 hommes, elle pouvait changer le cours de l'histoire ».

Une présence française certes amoindrie mais toujours massive

La France en Afrique, c'est 234 000 expatriés sur tout le continent dont 100 000 au Maghreb, 200 alliances françaises, 20 pays dont le français est une, voire la langue officielle, 90 collèges et lycées, 50 000 élèves, 77 télévisions partenaires, 30 bureaux de l'Agence française de développement, 2 500 projets de coopération décentralisée… Une influence culturelle encore essentielle, qui fait que l'on regarde les journaux télévisés de la 2, que l'on joue au PMU et que l'on lit *le Canard Enchaîné* le mercredi dans les capitales d'Afrique de l'Ouest et centrale. Mais c'est aussi et surtout 17 % de nos exportations (30 milliards d'euros), 13 % de nos importations, et 7 % de nos investissements à l'étranger (4 milliards d'euros). Avec 9 % des parts de marché, la France reste le deuxième fournisseur du continent. Et surtout, elle y réalise des excédents commerciaux de plus de 7 milliards d'euros.

Pourtant, l'histoire récente est celle d'un désengagement massif, comme si la France avait oublié tout ce qu'elle devait à l'Afrique : l'assistance technique sur le continent a été divisée par dix depuis 1990, passant de 10 000 personnes à 1 000 aujourd'hui. Le désengagement militaire a suivi la même pente : 30 000 militaires en 1960, 3 000 aujourd'hui. Malgré ce sérieux coup de rabot, malgré une politique migratoire très restrictive, les contrôles au faciès sur son territoire et des modalités de séjour vexatoires pour les ressortissants africains, même lorsqu'ils veulent tout simplement venir passer leurs vacances ou participer à des manifestations culturelles sur notre territoire, non seulement la France continue de se penser un rôle stratégique dans une Afrique dont la stabilité conditionne sa propre sécurité, mais elle commence à réaliser que prendre le train de sa croissance économique lui permettrait de pallier sa propre atonie.

Plus de la moitié des crédits consacrés aux forces et aux opérations réalisées hors du territoire national (Opex, 1 milliard d'euros) restent toujours consacrés à un continent dont la France n'a jamais vraiment renoncé à être le gendarme : interventions en Libye et en Côte d'Ivoire en 2011, lancement de l'opération Serval au Mali en janvier 2013, de l'opération Sangaris en Centrafrique en novembre 2013. Ces interventions militaires ont pu être mal perçues sur un continent qui se plaît à dénoncer toutes les formes d'ingérence tout en étant incapable d'assurer lui-même sa propre sécurité. Elles ont pu rappeler à certains les ambiguïtés de l'opération Turquoise au Rwanda, en juin 1994, qui avait en partie permis aux génocidaires de bénéficier d'un sanctuaire face à l'arrivée des Tutsis en provenance d'Ouganda, mais elles ont cependant montré que la France restait concernée par le sort de l'Afrique, qu'elle était capable de mobiliser des troupes pour défendre l'intégrité territoriale d'un pays, le Mali, et pour protéger une population victime de crimes de guerre, la Centrafrique. Elles n'ont hélas rien résolu : les conflits de basse intensité sont devenus le grand fléau du continent, miné par des mouvements armés aussi prompts à se former qu'à se disperser, et qui se fondent dans la population civile pour renaître sans cesse, dans des territoires mal contrôlés.

Avec huit accords de défense et seize accords de coopération militaire, dix bases ou points d'appui en 2014 (Mauritanie, Sénégal, Burkina Faso, Mali, Niger, Côte d'Ivoire, Centrafrique, Tchad, Gabon, Djibouti), la France, qui a positionné 10000 hommes sur le terrain, civils et militaires, et forme chaque année 50000 militaires africains, continue de manifester son intérêt pour l'avenir d'un continent qui lui est historiquement et géographiquement si proche. Le président François Hollande s'intéresse plus au continent que ses prédécesseurs et il a été le seul chef d'État européen présent à Addis Abeba lors du cinquantenaire de l'Union africaine en 2013. Quand Nicolas Sarkozy renversait Kadhafi et transformait la Libye en épicentre d'un chaos aux conséquences dramatiques pour l'Afrique de l'Ouest, François Hollande tentait d'enrayer ce chaos en envoyant des troupes contenir les insurrections du Mali et la faillite de la Centrafrique. Deux types d'ingérences certes, mais sans commune mesure : la France a plus que jamais besoin de l'Afrique.

Mille grandes entreprises françaises s'activent aujourd'hui sur le continent, souvent dans des secteurs clés tels que l'énergie, le BTP, l'agro-alimentaire, la défense. Et si les flux d'investissement français sont aujourd'hui moins importants que ceux de sa grande rivale, la Chine, les stocks montrent en revanche qu'une partie de l'Afrique continue de fait d'appartenir à la France : elle détient plus de la moitié des investissements en Afrique centrale (Cemac), plus des deux tiers en Afrique de l'Ouest (UEMOA) !

Dépassant la zone franc, qui offre des opportunités intéressantes aux entreprises françaises mais ne représente plus que 1 % du commerce extérieur français, la France se projette de plus en plus hors de son pré carré traditionnel. En juillet 2014 a été lancée solennellement à Bercy une « Fondation franco-africaine pour la croissance », pilotée par Lionel Zinsou, Hubert Védrine,

Tidjane Thiam, qui vise à nouer aussi des partenariats stratégiques avec les autres Afriques, lusophone, anglophone, arabophone. Là où la Chine règne aujourd'hui en maître.

Chinafrique, Obamafrique

Désormais premier fournisseur (12,5 % des parts de marché, devant la France 9 %, les États-Unis, 6 %, l'Italie, 5,9 %, et l'Allemagne 4,4 %) et premier investisseur du continent, la Chine a su occuper la place laissée semi-vacante par la France : une Chinafrique s'est superposée sur les alliances issues de l'histoire en jouant sur la prétendue solidarité de destin des peuples naguère dominés. L'empire du Milieu a mis la main sur les réserves pétrolières et minières du Soudan, de l'Angola ou de la RDC, cet immense coffre-fort géologique et agronomique dont la population est la plus pauvre du monde. En quête de positions stratégiques pour arrimer son nouveau statut de grande puissance mondiale, il a amorcé une recolonisation du continent qui se traduit par la présence d'un million de Chinois et une dépendance financière, technologique et économique croissante de l'Afrique subsaharienne à son égard. Le sentiment antichinois qu'attise cette présence dans certains pays n'est que la réaction classique de sociétés qui découvrent une fois de plus que d'autres savent à leur place et mieux qu'eux tirer parti d'atouts qu'ils ne réussissent pas à valoriser par eux-mêmes et pour eux-mêmes.

Le vide géopolitique de l'Afrique, assise sur un tas d'or mais incapable de parler d'une seule voix, suscite les vocations hégémoniques de toutes les puissances en mal de profondeur stratégique. Une nouvelle guerre froide s'est ainsi délocalisée sur le théâtre d'opérations africain, qui oppose les deux nouveaux Grands, la Chine et les États-Unis, pour la reconquête de l'influence perdue par les anciennes métropoles, Paris et Londres. Mais si la Chine conçoit l'Afrique en termes d'opportunités, les États-Unis la perçoivent surtout comme un danger. Pour les États-Unis, l'Afrique menace la sécurité mondiale, à la fois par la multiplication des mouvements anti-occidentaux, mais aussi par l'ampleur du désastre sanitaire. Les fondations Gates, Ford, Rockefeller, Packard, Clinton, etc., et les grandes ONG américaines, qui ne sont que le bras désarmé de leur gouvernement, financent ainsi des campagnes antinatalistes et sanitaires très interventionnistes, qui visent à contenir le péril humain que représentent aux yeux des Américains la vigoureuse démographie africaine et l'ampleur de l'épidémie de sida. La population afro-américaine chrétienne (évangélique essentiellement) constitue un puissant lobby politique, qui influence les positions du gouvernement face aux grands conflits africains. Les États-Unis ont ainsi provoqué la désastreuse partition du Soudan et l'avènement d'un nouveau pays considéré comme chrétien (par opposition au nord contrôlé par les Arabo-musulmans), dont les différentes composantes ethniques se sont en réalité toujours haïes. Ils cherchent à sécuriser leurs grandes routes maritimes grâce à leur unique base militaire sur le continent, celle de Djibouti, dont le loyer est une véritable manne pour le gouvernement de ce pays, assis sur une rente stratégique qui pallie le manque de ressources internes. Et ils luttent contre le terrorisme par une coopération militaire renforcée avec quelques-unes de leurs têtes de pont que sont l'Éthiopie, le Ghana, l'Ouganda ou encore les petites îles de Sao Tome et Principe, qui abritent une immense station radar de surveillance du golfe de Guinée. Le « pivot vers l'Asie » d'Obama n'empêche pas l'Oncle Sam de vendre à pleines fournées ses armes en Afrique (plus 1 100 % depuis 2007) et de mener une guerre secrète contre les sanctuaires de l'islamisme radical et contre les narco-États (Gambie, Guinée-Bissau, Somalie…) qui vivent des grandes routes de la drogue en provenance de l'Amérique latine et de la piraterie dans le golfe de Guinée et le détroit d'Aden.

Une Afrique éclatée, ponctuée de maillons faibles

L'Afrique reste le maillon faible de la mondialisation, le lieu de tous les trafics et de l'économie criminelle : faux médicaments, armes, drogues, contrefaçons, mafias des passeurs et des réseaux de prostitution, massacre des animaux sauvages dans les parcs naturels au nom de l'appétence asiatique pour la corne de rhinocéros, les défenses en ivoire, les peaux et les trophées de toutes sortes… Les quatre D compromettent son émergence : détournements en tous genres, dette, drogue, djihad. C'est quand les États ne contrôlent plus leurs territoires que l'économie criminelle prospère en toute impunité. Même lorsque le chaos est apparent, les affaires n'en continuent pas moins. Les rébellions donnent des gages à ceux qui les soutiennent, leur promettant l'accès aux contrats et aux gisements lorsqu'elles seront parvenues aux commandes.

Chaque bailleur de fonds décerne ses brevets de bonne gouvernance aux pays qui lui sont le plus utiles, mais les critères d'appréciation se révèlent à géométrie variable, et les vitrines de l'aide comme les coffres forts stratégiques bénéficient d'une indulgence proportionnelle aux convoitises qu'ils suscitent, tandis que les États les plus faibles et les moins utiles se voient, eux, imposer des conditionnalités jugées insoutenables lorsqu'elles sont transposées à la Grèce ou à l'Espagne. À rebours du discours « droit-delhommiste », les dictatures rwandaise et éthiopienne reçoivent un satisfecit, le Botswana, le Ghana, l'Ouganda ou la Tanzanie sont vus comme des modèles et aidés en conséquence, tandis que le Soudan, dont le chef d'État est sous mandat d'arrêt de la Cour pénale internationale, la RDC ou la Somalie sont cloués au pilori. Certains États sont devenus des trous noirs, comme l'Érythrée, véritable Corée du Nord que son indépendance en 1993 a verrouillé dans un huis clos qui autorise toutes les répressions, ou le Somaliland et le Puntland, pays certes calmes mais aussi véritables rampes de lancement pour la piraterie maritime, et que refuse de reconnaître la communauté internationale. La Somalie et la Libye sont des États détruits, en pleine déliquescence, mais ils disposent d'une forte capacité de nuisance pour leur environnement régional, la première parce que les Shebabs (tribunaux islamiques) qui tiennent le sud du pays ont choisi le terrorisme comme mode d'exercice et sont alimentés de l'extérieur en moyens de déstabiliser les pays voisins, à commencer par le Kenya, accusé de politique pro-occidentale, la Libye parce qu'elle continue à disposer d'immenses réserves de pétrole. Au cœur du cyclone, la petite cité-État de Djibouti verrouille le golfe d'Aden, et accueille la seule base militaire des États-Unis en Afrique, mais aussi des troupes françaises, européennes, chinoises.

Chaque fois qu'ils se réunissent, les chefs d'État de l'Union africaine évoquent trois priorités pour changer durablement le destin du continent : rétablir la sécurité en luttant contre le terrorisme, nourrir les hommes en développant l'agriculture et l'agro-alimentaire, s'unir pour se renforcer dans la mondialisation. Il faut bien l'avouer, ces trois préoccupations, parfaitement légitimes, ont pour l'instant totalement échoué.

Considérons une carte de l'Afrique : chaque grande zone régionale compte son point de faiblesse qui la mine de l'intérieur. Quelle que soit la sous-région, un pays menace son environnement et l'empêche de construire une véritable intégration régionale.

La SADC (South African Development Community), qui paraissait si prometteuse, est minée par le régime despotique et aberrant de Robert Mugabe au Zimbabwe, qui préfère ignorer les réalités économiques et a détruit son agriculture par une réforme agraire brutale, dans l'unique but de galvaniser autour de lui ses partisans.

L'East African Community prétend unir des pays qui ne s'entendent pas : le Rwanda et le Burundi d'une part, et la Tanzanie d'autre part, qui constitue pourtant leur débouché maritime naturel.

La Cedeao (Communauté économique des États d'Afrique de l'Ouest) qui semblait bien fonctionner et avait progressé sur le plan de la libre circulation des marchandises et des personnes bute désormais sur l'épine malienne et ses prolongements régionaux.

L'Union du Maghreb arabe est plus virtuelle que réelle tant les rivalités entre l'Algérie et le Maroc concernant leurs frontières et le sort de la « République arabe sahraouie démocratique » de l'ex-Sahara Espagnol l'ont jetée à bas, l'explosion de la Libye achevant de la dissoudre.

Quant à la Cemac[3] (Communauté économique et monétaire de l'Afrique centrale) qui vient de fêter ses vingt ans sous ce nom, dernier avatar d'une série d'organisations similaires depuis l'ex-AEF (Afrique équatoriale française), elle a beau unir des pays forestiers de langue (le français), de monnaie (le franc CFA) et de culture largement communes (Tchad, Centrafrique, Cameroun, Gabon, Congo Brazzaville, mais pas République démocratique du Congo, contrairement à ce que suggèrent la géographie et les échanges, remplacée par la Guinée équatoriale qu'individualise son legs espagnol), disposer de fabuleuses ressources naturelles, minières et énergétiques qui en font une zone bénie des dieux, c'est exactement l'inverse qui se passe: elle ne parvient pas à construire un ensemble cohérent et donne le sentiment de saboter jour après jour, par ses rivalités et ses incohérences, un avenir qui aurait dû être radieux. Là encore, un pays a explosé: la crise en Centrafrique déstabilise tout l'environnement régional. Le Cameroun de Paul Biya reste un géant atone, malgré son immense potentiel humain et économique. La Guinée équatoriale, devenue l'un des pays les plus riches du monde grâce à son pétrole après avoir été l'un des plus pauvres, a largué les amarres et ne veut pas être plombée par les immigrants en provenance des pays voisins (et notamment le Cameroun, qui accueillait autre-

3- Voir carte page 66.

fois ses migrants à elle). Fragile œil du cyclone, avec la menace islamiste Boko Haram à l'ouest, le Soudan du Sud en guerre à l'est, l'explosion de la piraterie au large de l'Angola au sud, la crise de la Centrafrique en son sein, la Cemac n'existe que sur le papier, quoi qu'affirment ses dirigeants. Et à l'image de la Cemac, l'Union africaine elle-même reste ainsi très largement un leurre.

Poids des ensembles régionaux en Afrique

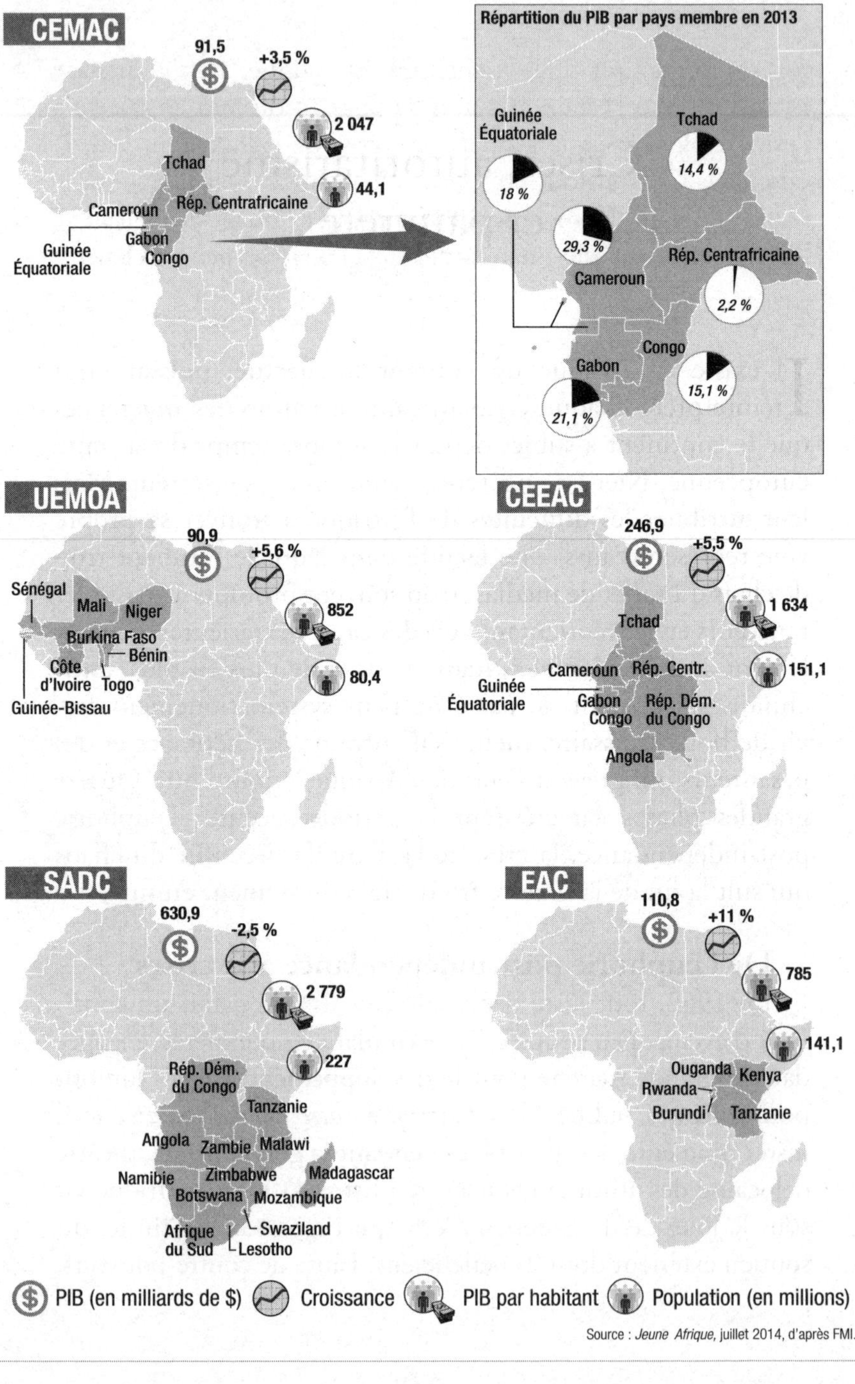

Source : *Jeune Afrique*, juillet 2014, d'après FMI.

Crises, autoritarisme et pauvreté

Il existe en Afrique un courant intellectuel puissant qui réinterprète chaque crise africaine à l'aune des ingérences que le continent a subies depuis le sombre temps de la traite européenne. Nier ces ingérences serait une grave erreur. Mais leur attribuer les difficultés de l'Afrique à trouver sa propre voie représente aussi une facilité dans laquelle tombent trop de chefs d'État et de médias, trop souvent prompts à attiser les rancœurs en les réorientant vers des causes extérieures, généralement anti-occidentales, mais aussi, et de plus en plus, anti-chinoises. Pourtant, le passé ne peut systématiquement servir de bouc émissaire, même s'il entraîne des héritages et des pesanteurs qui grèvent l'état de l'Afrique aujourd'hui. Quatre grandes phases caractérisent la période récente : l'euphorie post-indépendance, la crise de la dette, la décennie du chaos qui suit la fin de la Guerre froide, le redressement enfin…

De l'euphorie post-indépendance aux crises

En 1962, tout juste décolonisée, l'Afrique paraît un continent d'avenir : peu peuplée, riche en matières premières, engagée dans la grande marche pour le développement. René Dumont pourtant, qui publie alors *L'Afrique noire est mal partie*, a vu juste : pion entre les deux blocs pendant la guerre froide, théâtre délocalisé des affrontements entre l'Est et l'Ouest, l'Afrique vit sous le joug de dictateurs féroces, qui tirent leur légitimité du soutien extérieur dont ils bénéficient. Faute de contre-pouvoirs, elle néglige son agriculture, rendant sa population vulnérable aux sécheresses répétées qui succèdent, à partir du début des années 1970, à une décennie de forte pluviosité, engraisse son secteur public au point de le rendre obèse et impotent, vit largement au-dessus de ses moyens.

La première sanction tombe lors de la décennie 1980-1990: c'est la crise de la dette. Et l'ingérence économique qu'elle entraîne. Voici « déflatés » les fonctionnaires surnuméraires, fermées les entreprises publiques, ouvertes les frontières. La communauté internationale impose à l'Afrique un ajustement structurel drastique qui l'asphyxie dans une rigueur sans cesse reconduite.

Mais le contexte international change: le début des années 1990 voit disparaître l'Union soviétique. Le modèle occidental règne en maître. Plus besoin de dictateurs amis. Plus besoin d'une aide dispendieuse à un continent dont on dit qu'il pourrait disparaître de la surface de la terre sans rien changer. L'Afrique, combien de divisions? 2 % des échanges internationaux. Autant dire rien.

Après l'ingérence économique, voici l'ingérence politique. En juin 1990, lors du sommet franco-africain de la Baule, François Mitterrand avertit les chefs d'État africains: sans démocratie, plus d'aide. Voici l'Afrique projetée brutalement dans l'ère du multipartisme et de la démocratie importée, elle qui n'a connu que la domination coloniale, puis le règne du parti unique. Privés de leurs appuis, les dictateurs tombent les uns après les autres.

La décennie du chaos

La fin de la guerre froide entraîne donc la baisse de l'aide publique au développement, qui était attribuée pour des motifs stratégiques dans le contexte de la guerre froide. L'aide se réoriente vers les pays de l'Est (« Adieu Bangui, bonjour Varsovie », dit-on en Afrique), passe de plus en plus par le canal des ONG (5 % de l'aide en 1990, plus du tiers en 2000), se tourne vers l'environnement au nom de la grande apparition du développement durable au premier sommet de l'après-guerre froide, à Rio de Janeiro en juin 1992.

Pour l'Afrique, c'est la douche froide. Ses traditionnels soutiens s'en détournent. En 1993, le premier ministre de François Mitterrand, Edouard Balladur, enfonce un peu plus la seringue : sans « bonne gouvernance », conditionnée à un accord avec le FMI, pas question de compter sur l'appui de la France. L'aide que reçoit le continent est désormais conditionnée à l'adoption des plans d'ajustement structurel (PAS) concoctés par les institutions financières internationales, qui appliquent sans état d'âme le consensus dit de Washington (privatisation des entreprises publiques, ouverture des frontières, dégraissage de l'État). Lourdement endettés, les États africains doivent passer sous les fourches caudines du FMI et de la Banque mondiale. L'économiste Gilles Duruflé montre que la rigueur imposée par les plans d'ajustement structurels est telle qu'elle asphyxie les économies africaines sans leur donner les moyens de la reprise : fonctionnaires « déflatés », entreprises publiques fermées, années blanches dans l'enseignement, hôpitaux en faillite, sans médicaments et sans médecins, le continent s'enfonce dans la crise, tandis que les guerres civiles se multiplient pour la conquête du pouvoir. La mort d'Houphouët-Boigny en décembre 1993 permet de dévaluer brutalement le franc CFA, qui perd la moitié de sa valeur en janvier 1994. Renchérissant les importations, ce qui pénalise les modèles de consommation qui caractérisent les pays africains, la dévaluation a pour intérêt de redonner un peu de compétitivité aux exportations. Mais les filières de commercialisation des produits agricoles, gérées avant la crise de la dette par des structures publiques, offices de commercialisation et caisses de stabilisation, dissoutes au moment des plans d'ajustement structurels car devenues de lourdes machines à employer, bureaucratiques et improductives, sont désormais accaparées par des intermédiaires privés qui privent très largement les paysans de leurs marges.

Au milieu des années 1990, 35 pays sont en guerre sur 53, jamais l'Onu n'a été aussi présente en Afrique. Excepté dans certains pays comme le Bénin, où l'instauration de la démocratie suscite la mise en œuvre de conférences nationales, qui réunissent autour d'une table de négociation les forces politiques en présence, l'application soudaine du multipartisme a réveillé ou suscité de féroces antagonismes politiques. Chaque mouvement s'appuie sur une base ethnique pour se légitimer et affronte avec violence ses rivaux pour s'imposer, refusant la victoire de la majorité démographique. Car le principe même de l'élection à l'occidentale, où le pouvoir se légitime par l'obtention du plus grand nombre de voix, ne fonctionne pas quand la notion fondatrice même des droits de l'homme, « libres et égaux en droits », se heurte à d'autres conceptions, dans lesquelles votre origine, votre statut, la couleur de votre peau vous assignent une place inamovible dans une hiérarchie sociale implicite mais intériorisée, d'autant plus subtile qu'elle est tue.

L'aide stratégique, devenue inutile, a déserté, mais une autre aide arrive en catastrophe sous la forme de secours humanitaire, délivrés par les États, l'Onu et les ONG qu'elles financent, dans une logique de « *containment* », d'endiguement : il faut éviter que les malheureuses victimes des conflits internes, réfugiées et déplacées, ne deviennent de redoutables émigrés et ne propagent la contagion de l'instabilité. Les organisations caritatives s'installent à demeure dans un continent où les famines sont provoquées puis exposées pour drainer les financements internationaux, dans des pays « verts » pourtant, comme le Liberia, la Sierra Leone, le Congo, l'Angola ou le sud Soudan.

Dans cette Afrique en crise, les bons samaritains affluent, pas toujours aussi désintéressés qu'ils le proclament : États, entreprises et églises ont, comme au bon vieux temps des colonies, repris possession des terres de désespérance. Les sectes se multiplient. Face à la disparition des services publics, les écoles coraniques ou évangéliques prennent le relais. L'effondrement de l'État-providence, que les indépendances avaient ébauché malgré la prévarication et les détournements, laisse ainsi place à des systèmes ciblés sur des bénéficiaires identifiés par leur religion ou leur appartenance ethnique, attisant le communautarisme et les haines qui opposent soudain des peuples jusque-là accoutumés à vivre inextricablement enchevêtrés.

Le mythe des frontières artificielles

À ce sujet, ceux qui prétendent que les frontières en Afrique sont artificielles et qu'il faudrait redécouper le continent en fonction des peuples oublient que ces frontières ont désormais plus d'un siècle : c'est à partir de la Conférence de Berlin, en 1884-1885, que les puissances occidentales décident de se partager le continent en fonction des comptoirs qu'elles occupent sur les côtes, s'attribuant des « *hinterlands* » coupés en tranches dans de vastes territoires encore méconnus. Il suffit de regarder une ancienne carte de l'Afrique occidentale pour retrouver cette délimitation, Ghana britannique, Togo allemand, Bénin français, quand il ne s'agit pas de l'anglaise Gambie, enclavée en doigt de gant dans le Sénégal français. Aussi artificielles qu'elles aient été à l'origine, ces frontières ont pourtant aujourd'hui un siècle et demi : impossible d'imaginer un découpage « idéal » alors que bien des ethnies et des peuples vivent totalement imbriqués, chacun se spécialisant dans une activité spécifique. Dans le delta intérieur du Niger par exemple, au Mali, les Peuls sont éleveurs, les Bozos pêcheurs, les Sonrays et les Dogons cultivateurs, les Dioulas commerçants, etc. Un redécoupage « cohérent » ne voudrait rien dire, il laisserait entrevoir au contraire le spectre des purifications ethniques à l'européenne, comme en a connu l'ex-Yougoslavie après la guerre froide, avec la création de la Bosnie, de la Croatie, de la Serbie, de la Macédoine, puis, après l'intervention militaro-humanitaire de l'Otan en 1999, du Kosovo. A contrario, les pays apparemment les plus homogènes, comme la Somalie ou le Rwanda, unis sous la bannière d'une seule langue et d'une apparente communauté de culture, sont ceux qui ont connu les guerres civiles les plus tragiques : trente ans de conflit ont déchiré les différents clans en Somalie, au point que le terme de somalisation désigne désormais tous les pays sans État, et le Rwanda a connu en 1994 le troisième génocide du vingtième siècle, après celui des Arméniens en 1915 et des Juifs et des Tziganes en 1940-1945.

Si l'Organisation de l'unité africaine (devenue Union africaine en 2002) a eu la sagesse de décréter, au moment de sa création en 1963, l'intangibilité des frontières héritées de la colonisation, c'est qu'elle savait qu'il ne fallait pas ouvrir la boîte de Pandore. Les États nouvellement indépendants ont imposé des partis uniques et lancé des slogans unificateurs pour se construire. Et ces frontières, qui avaient déjà près d'un siècle, sont restées remarquablement stables, permettant la constitution de nations. Remettre le dossier sur la table, c'est soulever un dangereux couvercle : même artificiellement créées, les frontières ont au moins le mérite d'exister depuis longtemps et de désigner des pays bien individualisés. Il n'est que de se souvenir des réactions lors de l'indépendance de l'ex-AOF, qui éclate en 8 États rivaux, du refus de la Côte d'Ivoire de s'adjoindre son bassin de travail que constitue pourtant la Haute Volta, considérée comme trop pauvre, ou bien de l'échec de la fédération de Sénégambie, pour comprendre qu'aucun pays africain n'est prêt à abdiquer sa souveraineté. Pour s'en convaincre, il suffit de comptabiliser le nombre d'organisations visant à favoriser l'intégration régionale, tout comme le nombre de sommets au cours desquels les chefs d'État proclament solennellement leur désir de bâtir un ensemble fort dans la mondialisation… pour oublier aussitôt leurs grandes déclarations une fois de retour à la maison. Le panafricanisme est une grande idée d'avenir… et vouée à le rester, pour paraphraser le général de Gaulle, une construction intellectuelle et théorique poursuivie en vain par le défunt colonel Kadhafi, une envolée lyrique de banquet, le vœu pieu de tous les chefs d'État qui, dans le même mouvement, achètent des armes pour se protéger de leurs voisins.

L'Afrique se réarme en effet massivement : alors que la guerre froide est terminée, alors que l'émergence semble au rendez-vous, les dépenses militaires ont crû de 60 % au sud du Sahara en dix ans, de 133 % en Afrique du Nord. Elles s'élevaient en 2013 à 45 milliards de dollars (19 pour l'Afrique du Nord, 26 pour l'Afrique subsaharienne), presque autant que l'aide publique au développement reçue par le continent (55 milliards de dollars). L'Algérie à elle seule pèse du plus du tiers des achats, mais l'Ouganda, le Nigeria, l'Angola entendent se protéger de menaces qui ne sont pas seulement perçues comme internes. Est-ce seulement pour combattre le péril islamiste ? Pas seulement : presque tous les émergents du continent consacrent des sommes considérables à organiser leur défense contre les convoitises, réelles ou supposées, de leurs voisins. Qu'une crise économique ou politique éclate, et des pogroms se déchaînent contre les prétendus allochtones, renvoyés chez eux après avoir été dûment pillés, quand ils ne sont pas purement et simplement massacrés, comme les Tutsis du Rwanda, victimes du terrible génocide d'avril-juin 1994 : un million de Tutsis et de Hutus modérés, méthodiquement massacrés en trois mois, alors même que la communauté internationale commémorait les quarante ans d'Auschwitz (« Plus jamais ça »).

La Côte d'Ivoire illustre elle aussi la montée des tensions internes et de l'ethnicité au moment de la grande crise politique et économique de l'Afrique qui suit la guerre froide. L'invocation de l'ivoirité dans ce pays, après la mort d'Houphouët Boigny en décembre 1993, par son successeur institutionnel sans véritable légitimité, Henri Konan Bédié, transforme en effet le miracle ivoirien en mirage, car elle pousse les peuples « autochtones » chrétiens de la forêt à se dresser contre les peuples musulmans « allochtones » de la savane, venus du nord, accusés de leur voler leurs terres et leurs emplois. Le front pionnier qui avait fondé l'accession aux plantations des « Dioulas » venus du nord du pays, du Burkina et du Mali, s'est tari, la prospérité des années post-indépendance transformée, avec l'effondrement des cours du cacao et du café, en crise économique. Quand l'Union européenne suspend son aide en 1999 en raison de détournements massifs, le mirage se transforme en naufrage. Enfin élu à la présidence du pays en 2000, l'opposant de toujours, Laurent Gbagbo, reprend à son compte le concept nauséabond d'ivoirité et de nationalité, et renforce les lois foncières réservant les terres aux prétendus autochtones (mais les autres sont souvent sur place depuis deux générations, arrivés dans le pays au moment où Houphouët-Boigny leur ouvre grand l'accès à la terre et aux emplois, dans un pays qui ne compte que 4 millions d'habitants à l'indépendance). Renvoyés brutalement chez eux, les migrants déstabilisent leur fragile pays d'origine. En 2002, la rébellion arrivée du nord – qui s'autoproclame « forces nouvelles » et bénéficie d'appuis dans toute la sous-région, mais aussi au sein des anciennes puissances tutélaires – inaugure une guerre civile de dix ans, à l'issue de laquelle un renversement des pouvoirs s'opère en Côte d'Ivoire. En majorité démographique et disposant de la suprématie militaire, c'est désormais le nord qui tient le pays, pour le plus grand bénéfice de tous ceux qui ont fomenté la reconquête.

Une émergence récente, portée par l'extérieur

Au début des années 2000, la donne change. En août 1998, les attentats contre les ambassades américaines de Nairobi, au Kenya, et de Dar es Salaam, en Tanzanie, revendiqués par

Al Qaida, précèdent et annoncent ceux du 11 septembre 2001. Les États-Unis prennent conscience que ce continent aux frontières poreuses et aux États faillis est devenu le terrain privilégié de la mondialisation illicite, celle des trafics en tous genres, un terreau favorable à la criminalité, mais aussi à tous les mouvements interlopes qui recrutent une jeunesse recrue de haine anti-occidentale parce que privée d'avenir. Il est urgent de reprendre pied sur le continent, d'autant que de nouveaux concurrents ont pris conscience, eux, des multiples opportunités qu'il offrait.

La Chine, notamment, investit l'Afrique et elle investit en Afrique. Elle n'a pas de modèle politique à imposer, elle, mais elle revendique la solidarité des Suds, apporte cet argent qui manque cruellement et une coopération technique généreuse, en échange des richesses dont elle est avide pour financer sa croissance record. Car le continent noir porte bien son nom : ce vieux socle géologique est une éponge à pétrole. 6 % des réserves mondiales, dit-on au début des années 2000, 10 %, puis 12 % aujourd'hui : seuls 8 pays n'ont encore rien donné en termes de prospection ! Un pétrole de bonne qualité, pauvre en soufre, d'autant plus facile à extraire qu'il est souvent off shore, situé directement sur les grandes routes maritimes mondiales. Un pétrole d'autant plus intéressant que les États sont prêts à négocier des conditions plus avantageuses que leurs homologues du Proche et du Moyen-Orient, tant leurs besoins sont importants et leurs ressources faibles. Voici l'Afrique redevenue un enjeu stratégique. Elle sait aujourd'hui parfaitement jouer des rivalités entre grandes puissances pour l'accès à ses ressources minières et pétrolières. France, États-Unis, Chine, Brésil, Inde, Russie, Grande-Bretagne… Tous courtisent à qui mieux mieux les dirigeants africains. L'africaniste Antoine Glaser souligne que ce sont eux désormais qui choisissent librement leurs partenaires.

Pourtant, ce renversement des allégeances n'est vrai que jusqu'à un certain point : les officines douteuses et les services secrets continuent comme par le passé de fomenter le renversement et l'élimination des gêneurs, sous couvert de prétendues révoltes populaires spontanées. Faire des affaires s'accommode mal du chaos. Il faut des régimes forts et amis. Et même si lors de sa visite officielle en Afrique, en 2009, le président Obama déclare que « l'Afrique n'a pas besoin d'hommes forts, elle a besoin d'institutions fortes », la réalité est bien différente : les hommes forts tiennent le haut du pavé. Au sein de l'Union africaine, six chefs d'État sont parvenus au pouvoir par les armes, et non des moins respectables, tel Blaise Compaoré au Burkina Faso, qui se pose de plus en plus en « vieux sage » de l'Afrique, alors qu'il élimina son compagnon d'armes, Thomas Sankara, en 1987, et porte une large part de responsabilité dans le renversement de Laurent Gbagbo, Yoweri Museveni en Ouganda, qui a exporté la guerre au Rwanda au début des années 1990, Mohamed Ould Abdelaziz en Mauritanie, putschiste aujourd'hui garant de l'intégrité des frontières de son pays face au terrorisme, ou Abdel Fattah al-Sissi en Égypte, plébiscité lors de l'élection qui l'a porté à la tête du pays et qui depuis rétablit sans état d'âme un ordre militaire en affirmant que son pays n'est pas mûr pour la démocratie.

Beaucoup de ces chefs d'État monopolisent le pouvoir dès qu'ils l'ont obtenu, faisant modifier la constitution de leur État pour le conserver le plus longtemps possible. Ils n'hésitent pas, lors des élections prétendument démocratiques que la communauté internationale leur demande d'organiser, à accaparer l'ensemble des moyens de propagande et à mettre en place des fraudes massives, qui transforment chaque scrutin en plébiscite, surtout quand les opposants sont réduits au silence par l'intimidation ou qu'ils boycottent l'élection pour protester. Algérie, Burkina, Cameroun, Congo, Ouganda, RDC, Rwanda... tout est bon pour se maintenir au pouvoir, modifier la constitution pour abolir la règle des deux mandats maximum, éliminer les candidats à la succession, prétexter un risque extérieur pour s'emparer des pleins pouvoirs. Il en résulte des longévités incroyables au pouvoir, la mainmise de vieillards indéboulonnables, tel Robert Mugabe au Zimbabwe qui se perpétuent à la tête de leur pays comme s'ils étaient éternels et le gèrent comme leur propriété personnelle. La tentation dynastique, qui a déjà fait ses preuves au Gabon avec les Bongo et au Togo avec les Eyadéma, séduit nombre de dirigeants, qui placent leurs rejetons aux postes clés, avec le dessein de leur transmettre le pouvoir le moment venu : en Guinée équatoriale avec les Obiang Nguema, en Angola, avec la fille de José Eduardo dos Santos, lui-même au pouvoir depuis trente-cinq ans. Certains échouent pourtant, Abdoulaye Wade au Sénégal, dont le fils Karim, soupçonné d'enrichissement illicite, est poursuivi par la justice sénégalaise après la défaite de son père, ou le colonel Kadhafi, froidement exécuté avec la complicité de ceux dont il avait pourtant financé l'accession au pouvoir.

Peu de chefs d'État ont su quitter le pouvoir le moment venu, Nelson Mandela bien sûr, Nicéphore Solo, ancien président du Bénin devenu simplement maire de Cotonou, après avoir rendu le pouvoir à son prédécesseur, Mathieu Kerekou, qui lui-même accepte à son tour de s'effacer quand les urnes le désavouent, Olusegun Obasanjo au Nigeria et Jerry Rawlings au Ghana, pourtant d'anciens putschistes tous les trois, Abdou Diouf au Sénégal, imitant son prédécesseur, Léopold Sedar Senghor, et puis bien sûr les lauréats du prix Mo-Ibrahim, Joachim Chissano, Pedro Pires, Festus Mogae. Mais à rebours de ces hommes-là, combien de « rois d'Afrique », qui, par tous les moyens possibles, s'accrochent au pouvoir et en tirent largement parti, à leur bénéfice et à celui de leur famille et de leur clan ?

Pourtant l'Occident met peu à peu en veilleuse ses revendications démocratiques : il n'est plus seul maître à bord en Afrique, loin s'en faut. Les nouveaux partenaires flattent à qui mieux

mieux les nouveaux dirigeants africains. La Russie et la Chine se posent en recours face aux exigences droitdel'hommistes de l'Union européenne et du gouvernement des États-Unis. Le Brésil nourri par la traite se présente comme la première puissance africaine hors berceau. Sans compter l'Afrique du Sud, débarrassée de l'apartheid, qui revendique au nom du continent un siège de membre permanent au Conseil de sécurité de l'Onu, et dont les banques, les compagnies de téléphonie, les chaînes de grande distribution envahissent l'immense arrière-cour africaine. L'argument de la sécurité – sécurité mondiale, sécurité de l'Afrique – permet d'excuser toutes les dérives. Sécuriser leurs approvisionnements en énergie et en minerais stratégiques devient un impératif pour tant de pays, à commencer par la Chine ! Les anciennes puissances issues de l'ordre colonial et les nouvelles puissantes émergentes ont transformé l'Afrique en champ ouvert de leurs rivalités commerciales et diplomatiques. Il faut bien assurer ses positions.

En apparence, l'aide met en avant la nécessaire lutte contre la pauvreté, cet éternel grand masque moral sous lequel affleurent les préoccupations commerciales et les intérêts stratégiques… En réalité, c'est la course à l'échalote. Redevenus indulgents et généreux, les bailleurs de fonds internationaux se bousculent au portillon, mettant à l'œuvre un processus de désendettement exemplaire. Les investissements étrangers affluent : en 2010, l'Afrique en reçoit autant que la Chine des années 2000, 50 milliards de dollars. En 2013, 60 milliards. En 2014, 80 milliards.

L'ingérence a atteint son but : aucun continent n'a mené en si peu de temps une telle œuvre d'assainissement des économies, aucun ne bénéficie non plus d'une telle prodigalité. Les fondations privées dépensent des fortunes dans la lutte contre les endémies, permettant à la vaccination et à la prise en charge des malades du sida et du paludisme de progresser considérablement.

La nécessité d'une Afrique stable suscite ainsi une nouvelle indulgence des moralisateurs occidentaux : c'est le grand retour non des dictatures, mais des *démocratures*, dictatures de fait, mais revêtues des habits d'une démocratie tronquée, moyens de communication contrôlés, intimidation des opposants et suffrage universel en forme de plébiscite.

Peu à peu les restaurations autoritaires s'opèrent, sans que la communauté internationale, naguère si exigeante, ne pipe mot. Pendant dix ans, Laurent Gbagbo, assis sur la Côte d'Ivoire utile des grandes entreprises et de la richesse de la terre, reste au pouvoir sans légitimité électorale, refusant à ses opposants le droit de se présenter aux élections au nom de l'ivoirité. Quand Alassane Dramane Ouattara peut enfin candidater et remporte les élections, il se voit contester sa victoire pendant près de six mois, jusqu'à ce que la France, soutenue par la communauté internationale, décide enfin de déloger l'usurpateur. Les affaires peuvent reprendre. Et on ferme les yeux sur les méthodes parfois peu recommandables des nouveaux élus, puisqu'ils sont nos amis, sur les moyens qui lui ont permis de parvenir au pouvoir, une rébellion en provenance du nord, baptisée « Forces nouvelles », et dont le chef, ancien leader étudiant, devient, à trente ans et des poussières, premier ministre de son pays par la grâce de l'appui français et burkinabé. Les affaires peuvent reprendre, les entreprises françaises recoloniser les secteurs économiques les plus profitables d'Abidjan, construire des ponts, des autoroutes, gérer le port et la ville, tandis que les règlements de compte se poursuivent dans les campagnes et dans les prétoires.

Le consensus de Pékin – mieux vaut pour un investisseur la croissance d'un pays stable que la démocratie assortie du chaos – a supplanté le défunt consensus de Washington, qui prétendait instaurer une conditionnalité rigoureuse au nom d'une idéologie libérale que les pays du Nord sont les premiers à bafouer lorsque la crise financière frappe à son tour à leurs portes en 2007. La

Grèce n'a-t-elle pas bénéficié d'une formidable annulation de dette de plus de 100 milliards de dollars ? Comment, après un tel traitement, oser exiger la rigueur en Afrique ? Après avoir connu la dictature, puis la démocratie elle aussi imposée de l'extérieur, les régimes africains expérimentent donc la démocrature, et revêtent les apparences de la légalité le temps d'une élection pour s'emparer du pouvoir et éliminer impitoyablement les opposants. Personne ne pipe mot. Les affaires sont les affaires. Seules quelques ONG se battent contre les « biens mal acquis » des despotes africains et provoquent la mise sous séquestre de leurs somptueuses propriétés sur le territoire français. Mais les Africains ne comprennent pas pourquoi ils seraient les seuls à endurer ce traitement de défaveur, quand bien d'autres chefs d'État bénéficient, eux, d'une coupable indulgence. Las des leçons de morale des Occidentaux et des mandats d'arrêt de la Cour pénale internationale, dont la plupart des grandes puissances non européennes n'ont même pas ratifié les statuts, se mettant ainsi à l'abri d'éventuelles poursuites (contrairement aux 34 pays africains qui ont accepté sa juridiction), ils se tournent vers leurs nouveaux alliés, tellement moins exigeants que les anciens colonisateurs.

Sortir de la pauvreté : un défi de longue haleine

Bien sûr, l'Afrique progresse, bien sûr elle est sortie de la décennie du chaos. Mais on oublie qu'il est plus facile d'afficher des performances insolentes quand on part de très bas que lorsqu'on occupe le sommet. Il est prématuré de parler de rattrapage. L'exemple du Rwanda illustre à merveille la force et les limites du redressement africain : certes le taux du croissance économique de ce pays est supérieur à 8 % par an et son PIB par habitant a été multiplié par trois depuis le génocide de 1994, mais en 2014, il ne dépasse toujours pas 700 dollars.

Simplement, le monde découvre ce que les Africains savent depuis longtemps : même dans les pires moments, les sociétés africaines se sont toujours caractérisées par une force de résilience exceptionnelle, liée à la mobilité, aux réseaux et à une capacité d'adaptation hors du commun. Mais au rythme actuel, il faudra vingt-deux ans à la moitié de la population du continent pour doubler son revenu. Et près de quatre fois plus longtemps aux deux cents millions de personnes les plus pauvres ! En 2030, la pauvreté affectera toujours le quart de la population africaine. Plus des deux tiers des pauvres du monde vivront alors en Afrique.

Cette trajectoire n'est pas inéluctable : nombreux sont les pays qui ont pris la décision de tout mettre en œuvre pour sortir de la pauvreté. Et en effet réagir dès maintenant par une action volontariste peut permettre d'inverser la tendance. Imitant les politiques sociales menées au Mexique ou au Brésil, pays eux aussi confrontés à des inégalités majeures, certains pays, tels l'Afrique du Sud, le Mozambique, le Rwanda ou la Zambie, ont mis en place des aides directes aux familles défavorisées. Accusées par certains économistes libéraux d'encourager l'assistanat, ces aides, surtout lorsqu'elles sont délivrées aux femmes et assorties de conditionnalités, telles la scolarisation ou la vaccination des enfants, ont pourtant eu un effet immédiat sur les familles bénéficiaires, suscitant la création de micro-entreprises, l'amélioration de la situation alimentaire, de meilleurs résultats scolaires pour les enfants.

Le Rwanda est à cet égard un cas d'école. Si ce pays, pourtant l'un des plus pauvres et les moins bien dotés du continent, a réussi cet exceptionnel redressement malgré la « saison de machettes », cette tragédie non cicatrisée qui, d'avril à juin 1994, a tué un habitant sur huit dans le pays, c'est grâce à la poigne de fer de Paul Kagamé, qui a conduit l'insurrection tutsie en provenance d'Ouganda et pris le pouvoir en juillet de cette année terrifiante. Depuis dix ans, Paul Kagamé a piloté son pays avec la volonté sans faille de le développer. Instaurant l'anglais comme langue officielle, en une rupture symbolique avec les anciennes tutelles belges et françaises, accusées d'avoir couvert, voire facilité le génocide, il a aboli officiellement les distinctions entre communautés, ne voulant plus voir qu'un seul peuple rwandais, et non plus des Tutsis, des Hutus, et des Twas (pygmées). Le Rwanda a compris que pour être durable, la croissance devait être « inclusive », selon le dernier terme à la mode dans le jargon de la coopération internationale. Reprenant une tradition tutsie ancienne, la girinka, qui consistait à offrir une vache en guise de dot, le gouvernement rwandais a lancé le programme « *one cow per poor family* ». 180 000 bovins ont été distribués depuis 2006. Et un million de personnes sont sorties de la pauvreté, permettant au Rwanda de réaliser avec cinq ans d'avance, le premier des « Objectifs du millénaire pour le développement », adoptés solennellement en 2000 par l'Assemblée générale des Nations unies : diviser par deux le nombre de pauvres entre 1990 et 2015. Certes, l'aide massive de la communauté internationale, qui assure toujours la moitié du budget du pays, a joué un rôle clé… mais parce que cette manne est, contrairement à ce qui passe ailleurs, judicieusement utilisée.

Non seulement le pays avance, mais la fécondité des ménages baisse : de 8 enfants par femme dans les années 1960, elle a été divisée par deux, montrant une fois de plus que le meilleur contraceptif, pour un pays, c'est le développement, surtout lorsqu'il est accompagné de politiques de planning familial permettant aux femmes de pouvoir concrètement accéder aux moyens de contrôler leur fécondité : alors que 10 % seulement des femmes utilisaient un moyen de contraception à la fin des années 1990, elles sont désormais plus de la moitié. Et ce pays enclavé, dont le grand géographe Pierre Gourou soulignait dans les années 1950 combien il était surpeuplé eu égard à son identité rurale, a pu voir sa densité de population *décupler* en un demi-siècle sans basculer dans la faim, grâce à une politique volontariste de création de richesses (420 hab/km^2, dix fois la moyenne africaine !). À rebours de ceux qui prétendent que l'Afrique serait indéveloppable parce que trop nataliste, le Rwanda, comme la Tunisie ou l'île Maurice, montrent que la tendance peut être rapidement inversée lorsque les gouvernements savent concilier politiques de croissance économique, redistribution efficace et sensibilisation à la question démographique. À cet égard, plus que la coercition, qui provoque immanquablement un effet rebond lorsqu'elle se relâche, la trilogie gagnante s'appelle recul de l'âge au mariage, scolarisation des femmes et accès à des moyens contraceptifs.

Tout processus de croissance économique rapide creuse les inégalités si la redistribution sociale n'est pas au rendez-vous, compromettant la durabilité de l'émergence. L'histoire le montre partout et une grande partie des difficultés des pays émergents aujourd'hui dans le monde s'explique par ce constat simple : compter uniquement sur le marché pour se développer engendre trop de laissés-pour-compte. Il faut inclure les pauvres, les transformer en citoyens et en consommateurs, qui ont confiance en leurs dirigeants, en leurs institutions et en l'avenir.

La sécurité devient alors pour les familles un meilleur calcul que le chaos. Posséder un emploi, une terre, un logement, pouvoir payer ses impôts en bénéficiant d'un système d'assurance sociale équitable et efficace, d'une retraite, d'écoles et d'hôpitaux, de routes bien entretenues et de magasins bien achalandés transforme les anciens exclus en inclus, crée un marché intérieur pour les entreprises, des débouchés pour les paysans. Le fait que l'État africain soit un État rhizome, qui compense par les réseaux privés, le clientélisme et le népotisme, l'injustice des rapports sociaux, ne permet pas d'atténuer le sentiment d'injustice et d'abandon profond de nombreux jeunes, dans l'impossibilité de trouver un emploi rémunérateur dans leur pays, alors qu'ils voient les richesses y affluer.

Deux Africains sur trois ont moins de vingt-cinq ans ! Et pas de migrations possibles hors du continent : elles restent essentiellement internes. Pour 30 millions de migrants intra-africains, 4 millions seulement résident dans l'OCDE. Mais les murs qu'édifie l'Europe pour se protéger de l'arrivée d'une jeunesse prête à toutes les aventures se fissurent sous le poids des assauts : à Melilla, l'enclave espagnole du Maroc, sur l'île italienne de Lampedusa, à mi-chemin entre la Tunisie et la Sicile, à La Valette, à la frontière gréco-turque, en mer Méditerranée, Égée, dans l'océan Atlantique, ils sont des milliers à tenter leur chance, chaque année plus nombreux. L'agence européenne de contrôle des flux par la sécurisation des frontières ne parvient plus à faire face, malgré l'ampleur des moyens mis à sa disposition. Les jeunes chômeurs africains prennent à tort l'Occident pour un eldorado. Ils y sont encouragés par les envois des migrants, qui tiennent à bout de bras leurs communautés d'origine, quitte à sacrifier leur quotidien en Occident en se privant d'une grande partie de leurs ressources.

La croissance sans le développement

Il ne faut pas oublier en effet que l'Afrique reste d'abord et avant tout le continent de la pauvreté : au sud du Sahara, 400 millions de personnes (la moitié de la population) disposent toujours de moins de 1,25 dollar par jour pour vivre. Les deux tiers de moins de deux dollars ! Certes, ce pourcentage est en diminution : 70 % en 2000, 65 % aujourd'hui. Mais un pauvre sur trois dans le monde vit en Afrique et ce pourcentage ne cesse de croître : alors que les Nations unies annonçaient triomphalement qu'en 2010, l'humanité avait réussi avec cinq ans d'avance à atteindre le premier des objectifs du millénaire du développement, certains pays africains ont effectué le chemin exactement inverse. Près de 11 % des Égyptiens vivaient sous le seuil de pauvreté en 2000, le double en 2013 : 22 % de la population ! Au Nigeria, pourtant la première puissance économique du continent, plus de la moitié de la population vit avec moins de 1,25 $ par jour ! Et la mortalité infantile y est encore de 78 pour mille naissances vivantes, la mortalité maternelle de 630 pour cent mille accouchements. L'Éthiopie, pourtant infiniment plus pauvre mais qui mène une politique volontariste de développement économique et social, fait deux fois mieux, avec des ressources dérisoires pourtant comparées à celles du Nigeria : son taux de pauvreté est de 30 %, sa mortalité infantile de 47 pour mille, sa mortalité maternelle de 350 pour mille. Des taux encore très élevés comparés au reste du monde, mais qui témoignent de progrès extrêmement rapides et vigoureux. Hélas, peu de pays sont capables de mener un tel développement à marche forcée, qui passe, en Éthiopie comme au Rwanda, par un régime autoritaire, militarisé, où les droits de l'homme sont loin d'être la préoccupation première du gouvernement. Ailleurs, la pauvreté reste la norme.

L'économiste ghanéen George Ayittey emploie cette formule bien connue pour évoquer le dilemme africain : « la croissance sans le développement ». En Angola, dont la capitale, Luanda, est devenue l'une des villes les plus chères du monde, la croissance annuelle du PIB est à deux chiffres… mais 60 % de la population vit toujours dans l'extrême pauvreté.

L'Afrique affiche toujours les pires indicateurs sociaux du monde. L'espérance de vie (55 ans) reste inférieure de vingt-quatre ans à celle des pays de l'OCDE. Plus de 50 millions d'enfants ne sont pas scolarisés : un enfant sur deux dans le monde qui ne va pas à l'école vit en Afrique, qui pourtant ne représente que 15 % de la population mondiale ! Moins d'un jeune sur dix s'inscrit dans l'enseignement supérieur, contre un sur cinq en

Asie du Sud, et quatre sur dix en Amérique latine. Pourtant, le dividende démographique, cette formidable richesse potentielle d'un pays qui compte un très grand nombre de jeunes actifs dans sa population, donne à l'Afrique un immense avantage comparatif sur le reste du monde. Mais elle ne sait pas le valoriser. Le chômage massif touche la jeunesse : 200 millions de personnes, 60 % des chômeurs du continent, sont des jeunes Africains de 15-24 ans ! Il la renvoie dans le secteur informel, qui continue d'assurer plus de la moitié des emplois. Deux tiers de la richesse que créent les Africains au quotidien, par leur inventivité, leur sens de la débrouille, leur volonté de s'en sortir, échappent ainsi à la comptabilité nationale et ne procurent pas à leur État les moyens de mener des politiques sociales. Car ces personnes qui ne comptent pas pour leur pays ne paient pas non plus d'impôts. Elles ont pris l'habitude de compter sur leurs propres forces, de se débrouiller seules. De subir, de se révolter ou de fuir. La tentation de l'émigration et des activités illicites est toujours présente. Le quintile supérieur de la population (les 20 % les plus riches) détient 50 % de la richesse en Afrique subsaharienne, mais le quintile inférieur (les 20 % les plus pauvres), moins de 5 %.

Aux inégalités internes, s'ajoutent les inégalités entre pays. Environ le cinquième de la population africaine (200 millions de personnes) vit dans des pays en conflits, où règnent l'insécurité, la violence, la mauvaise gouvernance. Ce sont en général ceux où l'on pratique toujours une agriculture de subsistance dans une grande pauvreté. Non seulement ces pays-là n'ont aucune chance d'atteindre avant 2015 les objectifs du millénaire pour le développement, mais ce sont aussi ceux où l'économie criminelle est la plus prospère, et notamment les narcotrafics, qu'il s'agisse de production de cultures hallucinogènes ou de transit en provenance des autres régions du monde.

Pour comprendre le décalage terrible entre les attentes de la population et la réalité de l'offre économique, il faut revenir à cette réalité unique qui caractérise le continent africain : l'importance du réservoir rural. 550 millions de personnes vivent toujours dans les campagnes. Ce n'est qu'en 2030 que la population des villes dépassera celle des campagnes au sud du Sahara. D'ici là, 500 millions d'Africains quitteront les campagnes pour rejoindre les villes, ou plutôt les bidonvilles.

La jeunesse du continent fait que le nombre d'Africains doublera probablement d'ici quarante ans, passant d'un milliard à deux milliards d'habitants. Sur les 7 milliards d'habitants que compte la planète, un peu plus d'un sixième vit toujours dans des pays à forte croissance démographique. Un enfant sur quatre naît désormais en Afrique, qui ne fait que retrouver petit à petit la place qu'elle occupait dans la répartition démographique mondiale, le cinquième de la population de la planète, avant la saignée de la traite et de la colonisation – qui vit notamment mourir le quart de la population d'Afrique centrale au XIXe siècle, de maladies, massacres, maladies, les déplacements forcés faisant perdre aux populations leur immunité de prémunition contre le paludisme.

La nécéssité d'une mutation profonde

En 1900, le continent ne comptait que 100 millions d'habitants, moins de 5 % vivait en ville. En 2000, il était passé à 800 millions, un tiers en ville. En 2010, à un milliard, dont 40 % en ville. Les prévisions pour 2030 sont de 1,5 milliard, la moitié en ville. Pour 2050, 2 à 2,4 milliards, 60 % en ville.

La même évolution vertigineuse s'observe en ce qui concerne les densités de population, dans un continent qui compte pourtant le plus grand désert du monde (le Sahara) et la plus grande forêt au monde : non seulement le bassin du Congo, avec 220 millions d'hectares, talonne l'Amazonie, mais il est, contrairement à cette dernière, en expansion. Concrètement, cela signifie que les hommes s'entassent là où ils le peuvent : les littoraux, les hautes terres orientales qui ne connaissent pas le paludisme, telle l'Éthiopie, souvent qualifiée de montagne la plus peuplée au monde, ou le Rwanda qui dépasse la Belgique en termes de densités de population, alors que ses habitants continuent de dépendre massivement de l'agriculture. Alors qu'elle ne comptait que 8 habitants au kilomètre carré en 1950, l'Afrique en atteint aujourd'hui près de 40. En 2050, ce chiffre aura sans doute doublé. Comment parvenir à vivre d'une agriculture fondée sur des techniques agricoles encore rudimentaires ? Essartage, machette, houe, hache, jachère, déplacements itinérants du bétail, ce n'est tout simplement plus possible ! Terroirs dégradés, misère des campagnes, migrations massives sont les corollaires de ce profond déséquilibre.

Si les gouvernements africains ne parviennent pas à créer les conditions d'un développement partagé par tous, la pauvreté continuera à pousser les femmes à faire beaucoup d'enfants, seule condition pour en voir survivre suffisamment, disposer d'une main-d'œuvre à la campagne et d'une assurance vieillesse. En 2050[1], l'Afrique aujourd'hui milliardaire… en êtres humains aura alors, avec 2,4 milliards d'habitants, retrouvé la place qui était la sienne avant le choc de la traite et de la colonisation : un quart de la population mondiale. Mais à quel prix ?

À l'image de l'explosion qui a embrasé le monde arabe, les tensions s'exacerbent dans bien des pays, attisées par la coupable indulgence des nouveaux partenaires du continent qui s'accommodent de l'injustice, préférant l'ordre autoritaire au chaos démocratique. Ces tensions opposent riches et pauvres, jeunes et vieux, villes et campagnes, nationaux et allochtones – parce qu'il faut bien des boucs émissaires, comme toujours. L'historien et politologue camerounais Achille Mbembe déplore que le mal développement engendre une résurgence de l'ethnicité et le culte de l'autochtonie, toutes les deux instrumentalisées, avec la

1- Voir cahier central, « Part de la population urbaine en 2050 », p. VI.

religion, par des leaders dont la plupart ne visent qu'un but : se maintenir au pouvoir.

Seules de véritables politiques visant à rééquilibrer les territoires – c'était d'ailleurs en partie la vocation de ces entreprises publiques pléthoriques et peu productives qui ont été démantelées lors de la crise de la dette – et à mieux répartir les fruits de la croissance permettront à la *Rising Africa* de ne pas faire mentir sa désormais flatteuse réputation. Mais elles supposent des États représentatifs, donc démocratiquement élus, et soucieux de l'intérêt général, pas des États qui se contentent de respecter les apparences de la légalité pour mieux flatter des bailleurs de fonds que la perspective d'avoir accès à de fabuleux gisements encore largement inexploités frappe de cécité.

L'Afrique ne sera bien partie que lorsque ses gouvernements sauront, à l'image du Rwanda, répartir mieux la manne des financements, quels qu'ils soient, et mettre en œuvre des politiques sociales dignes de ce nom, au lieu d'exploiter la rente humanitaire. Elle reste un continent riche peuplé de pauvres où chaque aléa naturel fonctionne comme un révélateur des dysfonctionnements politiques. Que valent les immenses richesses africaines quand plus de la moitié de la population vit encore en dessous du seuil de pauvreté en ne percevant que des miettes ?

Un eldorado énergétique et foncier… pour le reste du monde

« Power Africa », c'est le nom d'une grande initiative lancée par le président Obama en 2013 afin de doubler le nombre de personnes ayant accès à l'électricité au sud du Sahara. Aujourd'hui moins d'une sur trois peut se brancher en ville, à peine une sur dix dans les campagnes. Selon l'Agence française de développement (AFD), la capacité de production totale des 48 pays d'Afrique subsaharienne ne dépasse pas celle de la seule Argentine ! C'est là tout le paradoxe africain : face à la peur de manquer de ressources énergétiques, fossiles autant que renouvelables, l'Afrique fait figure d'eldorado[1], mais sa population manque cruellement au quotidien d'une source d'énergie régulière, sûre et bon marché. Assise sur un trésor énergétique, de même qu'elle possède une rente foncière inégalée, l'Afrique n'en bénéficie pas, tandis que le reste du monde lorgne sur ses ressources pour se les approprier.

600 millions de personnes, deux Africains sur trois, n'ont pas accès à l'électricité ! Lampes à pétrole, télévisions branchées sur des batteries de voiture, groupes électrogènes sales, énergétivores, pollueurs et bruyants, feux de bois dispendieux, charbon de bois responsable d'une déforestation accélérée autour des villes et dans les pays pauvres, qui bradent leurs forêts pour les vendre comme combustible à leurs voisins… Les parades inventées par la population pour remédier à ce manque énergétique sont aussi nombreuses que peu satisfaisantes au quotidien. Pour beaucoup,

1- Voir tableau page 45.

la nuit qui tombe à six heures du soir instaure le couvre-feu forcé : comment faire ses devoirs, lire, se cultiver quand manque la lumière ? Comment créer des usines et offrir des opportunités d'emploi quand la simple question de l'énergie n'est pas résolue ?

En 2012, le Secrétaire général des Nations unies a lancé le programme « Énergie durable pour tous », liant la nécessité de résoudre le manque d'énergie des pauvres à la lutte contre le changement climatique : même si, du fait de son faible niveau de développement, l'Afrique émet moins de 3 % du total mondial des gaz à effet de serre, sa consommation d'énergie fossile augmente rapidement avec le développement des classes moyennes urbaines. Lui permettre de passer directement à des sources d'énergie abondantes, accessibles et qui soient renouvelables serait aussi utile au continent qu'à la planète.

La facture énergétique

La question de l'accès à l'énergie constitue en effet un des principaux freins au développement du continent. Malgré une demande croissante, la production d'énergie n'a augmenté que de 3 % par an au cours de la dernière décennie, infiniment moins que les besoins ! Il faudrait multiplier ce chiffre par trois au minimum pour pouvoir suivre la croissance économique. Il existe ainsi une véritable fracture énergétique entre l'Afrique et le reste du monde, liée au manque d'infrastructures, à des interconnexions régionales inexistantes ou lacunaires, à la dispersion de l'habitat en milieu rural, qui rend les travaux d'équipement effroyablement coûteux, sans aucune garantie de rentabilité en raison de la pauvreté des foyers.

Dans les villes, les coupures d'électricité (et d'eau) surviennent aussi fréquemment qu'intempestivement : chaque pic de consommation – le soir, quand les gens rentrent du travail et que la nuit tombe, ou quand il fait très chaud, à cause des climatisations – provoque des ruptures d'approvisionnement, des délestages, la défaillance d'installations mal entretenues, déficientes ou insuffisantes. Instaurer une véritable coopération à l'échelle régionale entre pays excédentaires et pays déficitaires serait le seul moyen de construire une infrastructure cohérente à l'échelle du continent. Le projet de coopération le plus abouti à ce jour est le Système d'échanges d'énergie électrique ouest-africain, qui regroupe 14 des 15 pays membres de la Cedeao et 26 sociétés publiques et privées de transport et de distribution d'électricité. Ce système vise à mettre en place un marché régional de l'énergie : les États producteurs étant excédentaires par rapport aux besoins de leur marché intérieur, qu'ils puissent exporter de l'énergie vers les États déficitaires est une condition pour assurer la rentabilité des énormes investissements nécessaires. De véritables « hubs » régionaux de l'énergie sont ainsi en train de se constituer.

Un laboratoire potentiel du développement durable

Deux modèles énergétiques coexistent aujourd'hui sur le continent : l'ancien, fondé sur les énergies fossiles, source de pollution massive, d'émissions de gaz à effet de serre, et le nouveau, qui mise sur les énergies renouvelables. Disons le immédiatement : le premier a encore de beaux jours devant lui.

L'ancien modèle, avec son recours massif aux énergies fossiles, reste très présent en Afrique. C'est celui, par exemple, de l'Afrique du Sud, qui produit plus de 90 % de son électricité grâce au charbon, mais aussi celui de l'Angola, du Soudan, de l'Algérie, du Nigeria, de la Guinée équatoriale et de bien d'autres pays encore, toujours pétrolo-dépendants. Le vieux socle géologique est une véritable éponge à pétrole (16 % du total mondial selon certaines sources) et à combustibles fossiles, non seulement off shore mais in shore. Partout, les compagnies chinoises, malaises, canadiennes, françaises, britanniques, américaines, russes, brésiliennes s'affrontent pour se voir octroyer les meilleures concessions aux conditions les plus avantageuses. La rente pétrolière a créé d'insolentes fortunes et des inégalités tout aussi colossales, elle suscite aussi des importations massives qui ont ruiné l'agriculture. De nouveaux arrivants, tels le Mozambique ou la Tanzanie, se préparent à devenir de grandes puissances gazières. Total mène dans dix-huit pays du continent des explorations en mer et à terre qui témoignent des énormes potentialités encore inexploitées du vieux socle.

« *Say what you pay* », publiez ce que vous payez, l'Initiative pour la transparence des industries extractives, lancée par Tony Blair lors du Sommet sur le développement durable de Johannesbourg en 2002, vise à rendre les conditions d'extraction de ces nouveaux gisements plus équitables et moins destructrices sur le plan environnemental que ceux de la génération précédente. Une trentaine de pays, la majorité en Afrique, sont aujourd'hui jugés conformes, et environ 80 entreprises, telles Total ou Areva, y ont adhéré. La renégociation du contrat d'exploitation de l'uranium qui lie Areva au Niger va permettre au gouvernement de ce pays de disposer de ressources considérablement accrues. L'exemple du Tchad qui se voulait un modèle d'exploitation intelligente de la rente pétrolière montre cependant les limites de ces exigences quand l'environnement régional est tendu : le fonds pour les générations futures mis en place à la demande de la Banque mondiale a servi à acheter des armes. La RDC qui a été déclarée apte à adhérer en juillet 2014 est sous l'œil des ONG : ce pays monstre de 2,4 millions de km^2 est à la fois le plus riche de la planète en termes de ressources géologiques et le plus pauvre pour sa population, dont le PIB ne dépasse pas 400 dollars par habitant et par an. Les incroyables richesses de l'est du pays, le nord-Kivu et le sud-Kivu, provinces aux tendances centrifuges, tournées non vers Kinshasa mais vers l'est, l'Ouganda, le Rwanda, le Burundi et la Tanzanie, sont convoitées autant par ces pays frontaliers que par les bandes armées qui utilisent la RDC comme base arrière pour reconquérir l'Ouganda, dont ils ont été chassés par Yoweri Museveni en 1986, et le Rwanda depuis la victoire des Tutsis de Paul Kagamé, en juillet 1994, après le génocide d'avril-juin.

Dans cette incroyable opposition entre la richesse convoitée de la RDC et la pauvreté de sa population orientale, chassée par les combats (près de 3 millions de personnes déplacées), terrorisée par les combattants de tous bords, les femmes systématiquement violées, victimes de monstrueux sévices sexuels, les enfants emmenés comme soldats ou comme porteurs, malgré les interventions militaires onusiennes et africaines et l'omniprésence des ONG, on peut voir un raccourci saisissant de ce qui arrive aujourd'hui à l'Afrique tout entière : des pauvres assis sur un tas d'or exploité par d'autres.

Et dans la personnalité lumineuse et emblématique de Denis Mukwege, gynécologue fondateur de l'hôpital Panzi à Bukavu, qui depuis le milieu des années 1990 accueille ces femmes violées, mutilées, traumatisées, les répare et leur redonne de l'espoir, une de ces grandes figures de l'altérité que l'Afrique sait aussi produire, telles Nelson Mandela ou Desmond Tutu, ce qui autorise à croire malgré tout en la formidable résilience africaine, celle qui se décline au quotidien, dans une solidarité réelle, au ras du sol, entre ceux qui ont peu, mais le partagent néanmoins, et ceux qui n'ont plus rien.

Des rentes bleues et jaunes toujours sous-employées

D'autres pays n'ont pas de pétrole ou bien leurs gisements, mis en exploitation dès les années 1950, arrivent à épuisement, comme au Gabon. Un nouveau modèle émerge donc, qui vise à engager durablement l'Afrique dans une transition énergétique d'autant plus vigoureuse qu'elle passe directement de la pénurie à une grande abondance d'opportunités en termes de ressources renouvelables.

Le secteur le plus dynamique est celui de l'hydroélectricité, véritable or bleu du continent. Même si 40 % de la superficie du continent est marquée par l'aréisme ou l'endoréisme, 7 grands fleuves, le Nil, le Niger, le Congo, le Sénégal, l'Orange, le Limpopo, le Zambèze assurent à l'Afrique 15 % du potentiel hydroélectrique mondial. Mais elle n'en valorise qu'une infime partie. Or l'hydroélectricité est la première source d'énergie renouvelable dans le monde. Un certain nombre de barrages et de centrales hydroélectriques[2] sont ainsi en construction en Afrique, faisant du continent un véritable laboratoire du développement durable. Près des deux tiers de l'électricité utilisée par le Kenya provient de l'hydroélectricité ! En Afrique centrale, le fleuve Congo pourrait produire à lui seul l'équivalent de cent réacteurs nucléaires. Le barrage d'Inga III, dont la première pierre devrait être posée en octobre 2015, disposera ainsi d'un potentiel de 40 000 mégawatts, soit trois fois celui des Trois Gorges en Chine. La réhabilitation de Grand Inga, financée par la Banque mondiale et la Banque africaine de développement, est en cours en RDC, entre Kinshasa et l'Atlantique. L'Afrique du Sud est aussi partie prenante à ce projet, qui sera réalisé par des entreprises chinoises, espagnoles, coréennes et canadiennes. Confrontée à des pénuries récurrentes et à des coupures intempestives qui rendent fous les citadins, la nation arc-en-ciel a lancé en 2010 un programme de développement des énergies renouvelables qui vise à réduire la dépendance du pays à l'égard du charbon. 16 centrales éoliennes sont en construction, une centrale solaire fonctionne déjà dans la province du Cap. Le gouvernement voudrait passer de 1 % à 42 % d'énergies renouvelables d'ici 2030 ! La tentation de compter sur les fabuleuses réserves de gaz du Mozambique risque pourtant de remettre aux calendes

2- Voir cahier central, « Les grands travaux de la décennie », p. VIII.

L'Afrique, près du quart des terres émergées

Source : d'après Cartograf.fr et *The true Size of Africa* (K. Krause)

L'esclavage en Afrique

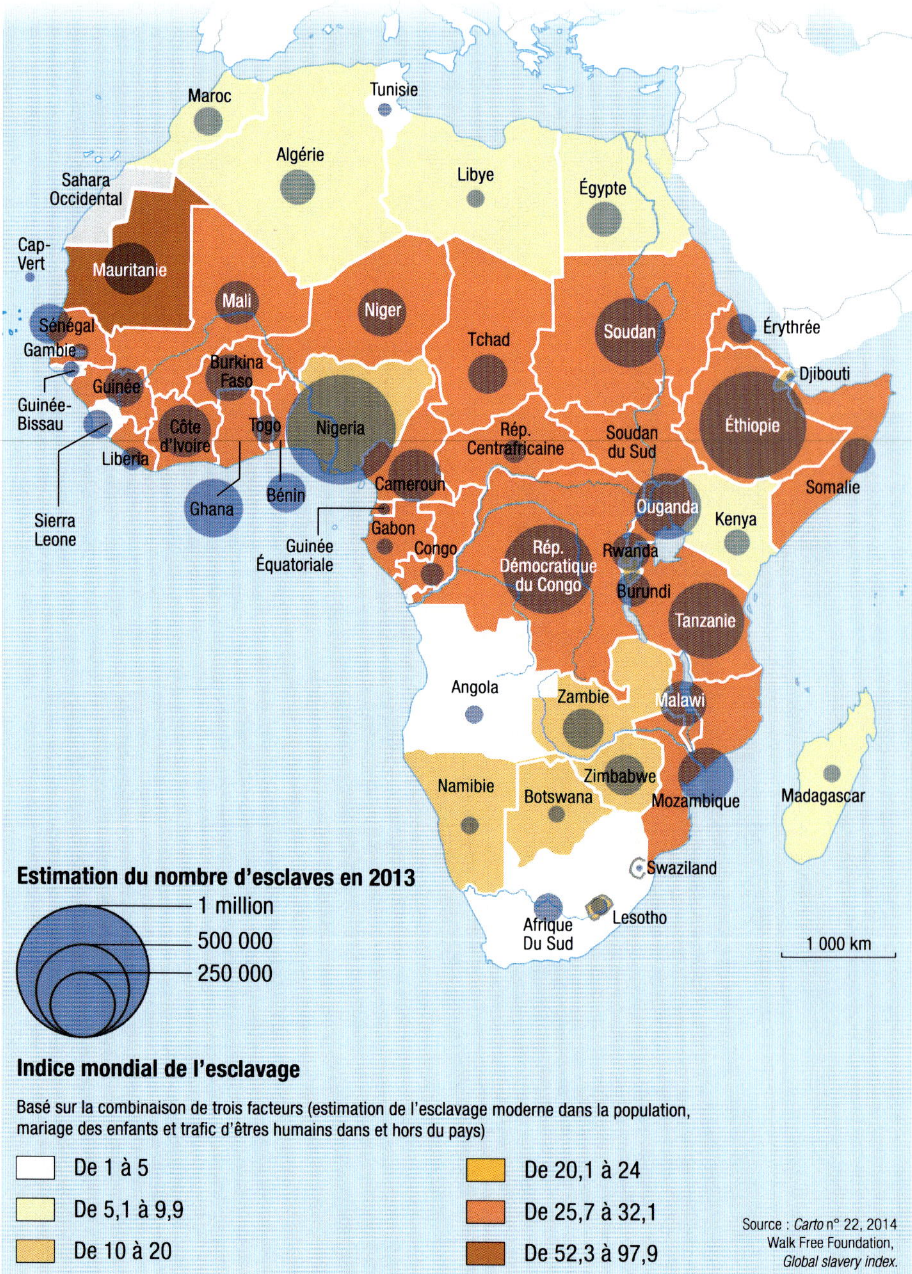

Les classes moyennes en Afrique

Répartition de la classe moyenne dans le monde

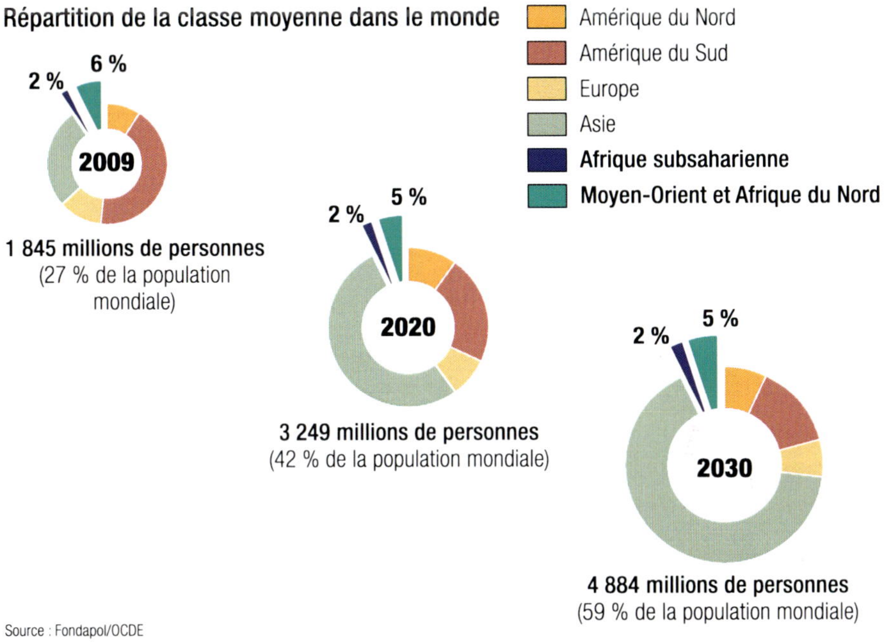

Source : Fondapol/OCDE

Composition de la classe moyenne en Afrique

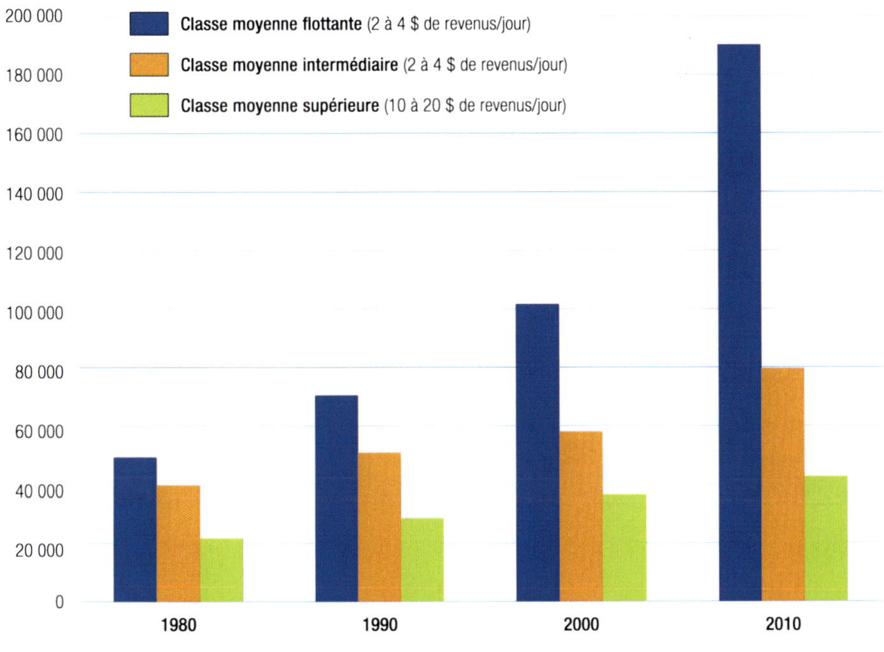

Source : Charles Leyeka Lufumpa, *The Middle of the Pyramid*, African Development Bank, 2011.

L'urbanisation en Afrique

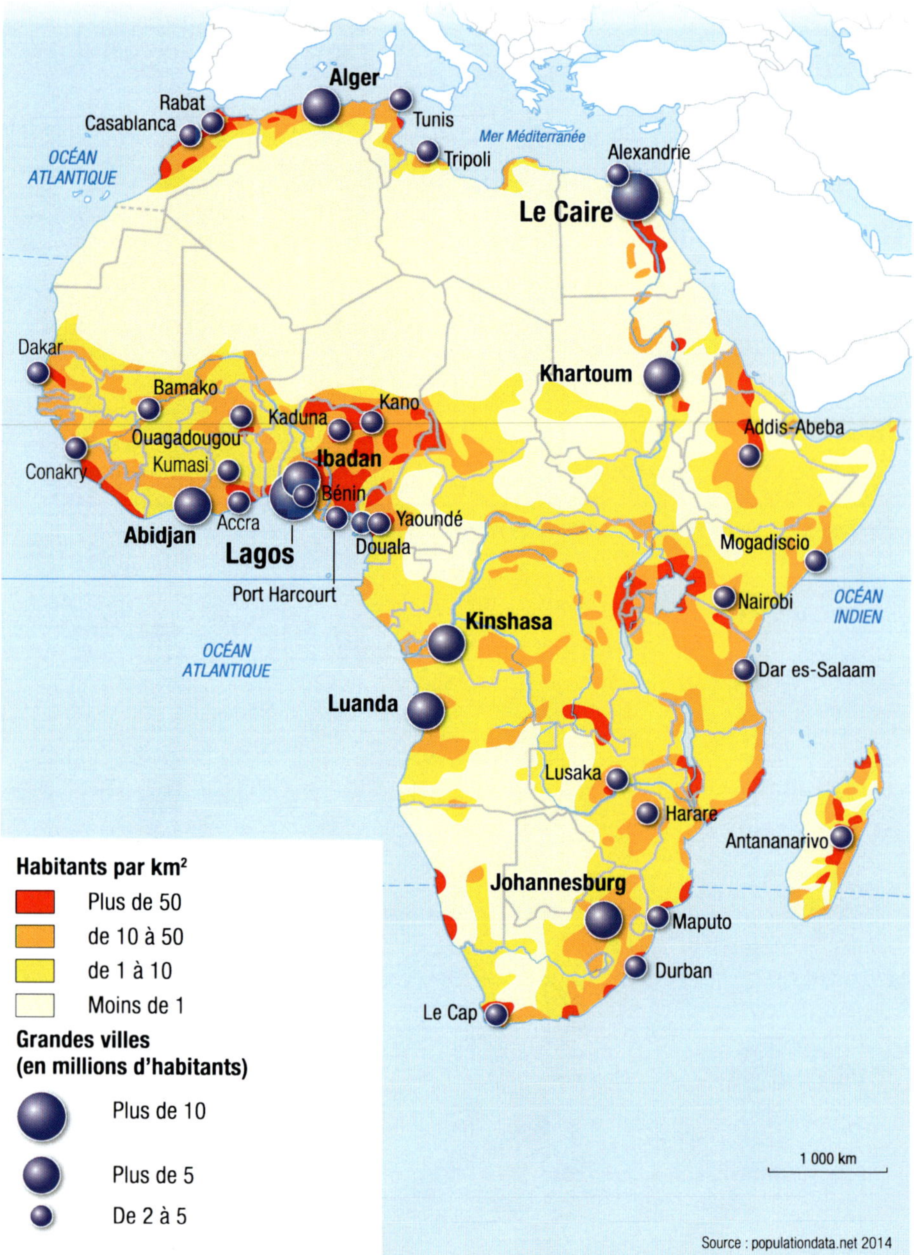

Bidonvilles en Afrique

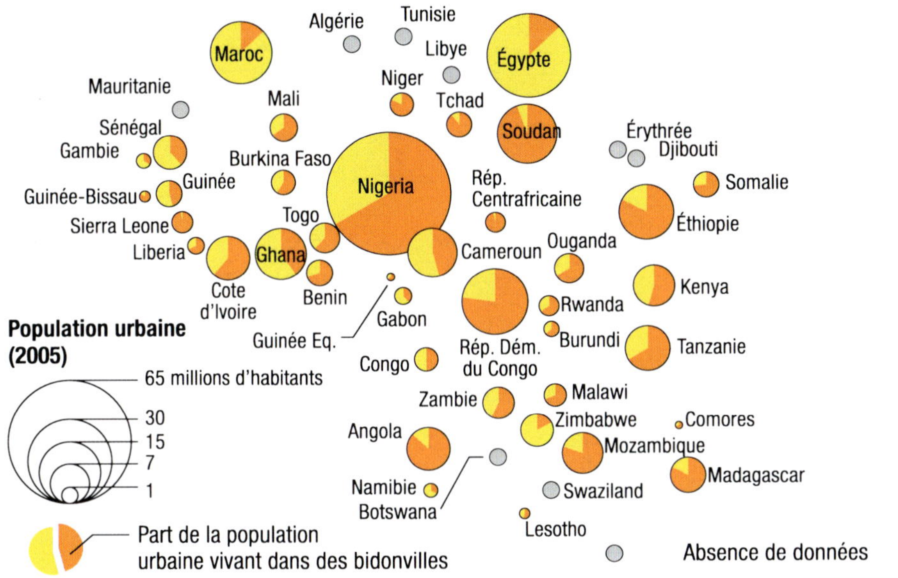

Part de la population urbaine en 2050

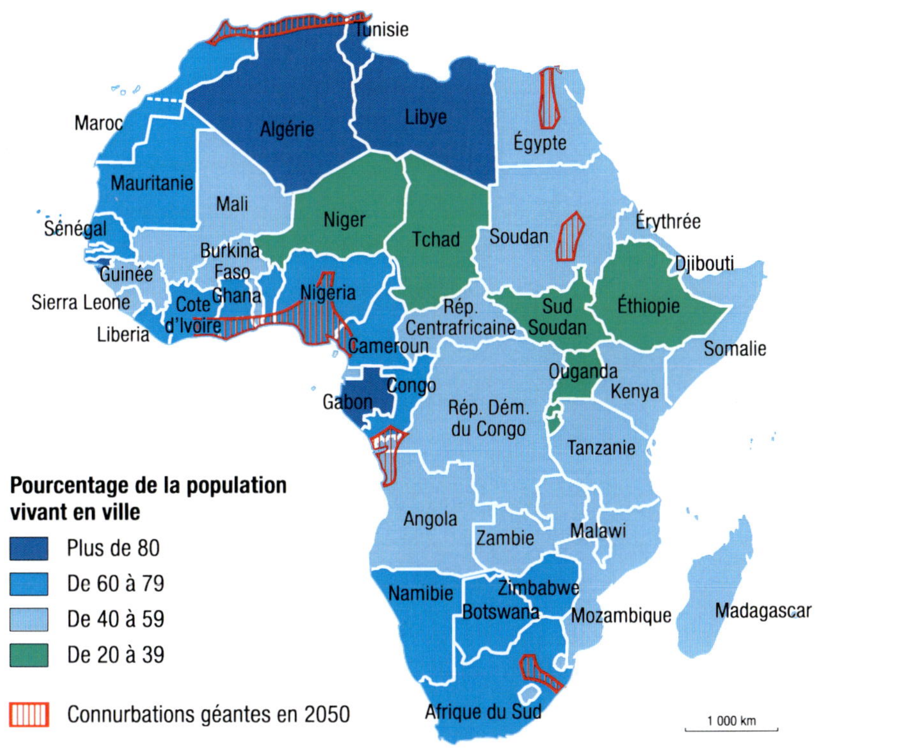

Source : United Nations Department of Economic and Social Affairs/Population Division, *World Urbanization Prospects: The 2011 Revision.*

Un continent particulièrement exposé aux risques naturels

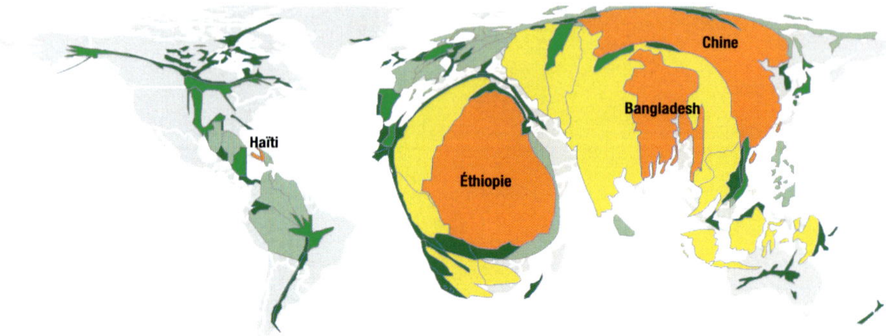

Décès liés à des catastrophes « naturelles » entre 1970 et février 2010

- De 0 à 5 000
- De 5 000 à 20 000
- De 20 000 à 80 000
- De 80 000 à 320 000
- De 320 000 à 640 000

Les paysans subissent des sécheresses répétées au Sahel et dans la corne de l'Afrique à partir des années 1970, mais ce sont les villagisations forcées par le gouvernement Mengistu en Éthiopie, la guerre civile au Soudan, les détournements systématiques de l'aide alimentaire au détriment des éleveurs qui expliquent les famines. La nature a bon dos.

Source : Banque Mondiale d'après EM-DAT/CRED

Les zones climatiques de l'Afrique de l'Ouest

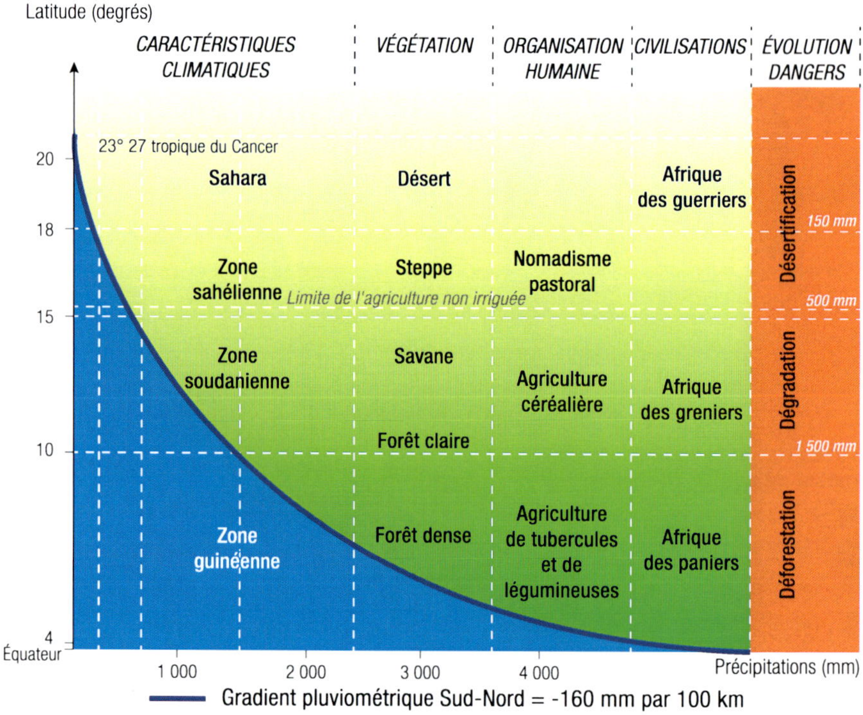

Source : S. Brunel, d'après P. Gourou, Y. Lacoste, G. Mutin, R. Pourtier, G. Sautter.

Principales zones agro-écologiques

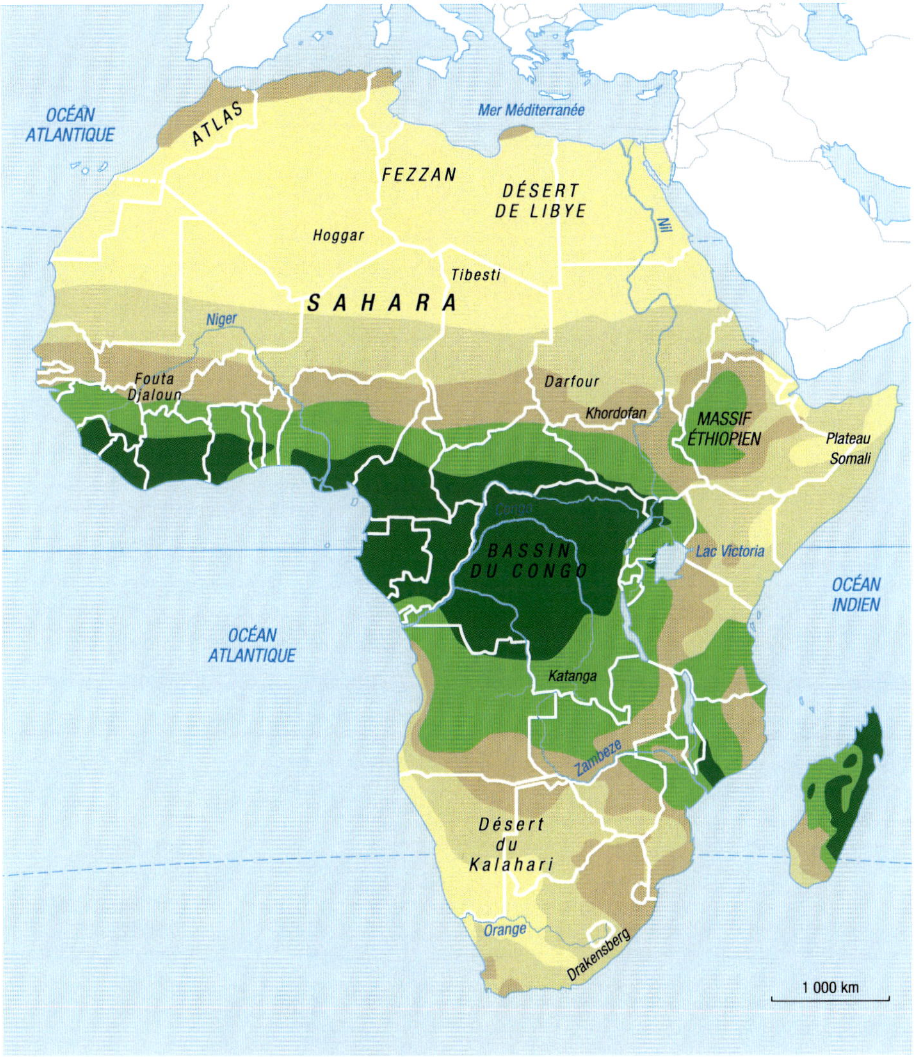

S. Brunel, *L'Afrique est-elle si bien partie ?*, © Éd. Sciences Humaines.

Zones agroécologiques	Saison végétative en jours
Désert	0
Climat semi-aride	< 90
Climat méditerranéen ou soudanien	90 - 179
Climat tropical	180 - 269
Climat équatorial	> 270

Les grands travaux de la décennie

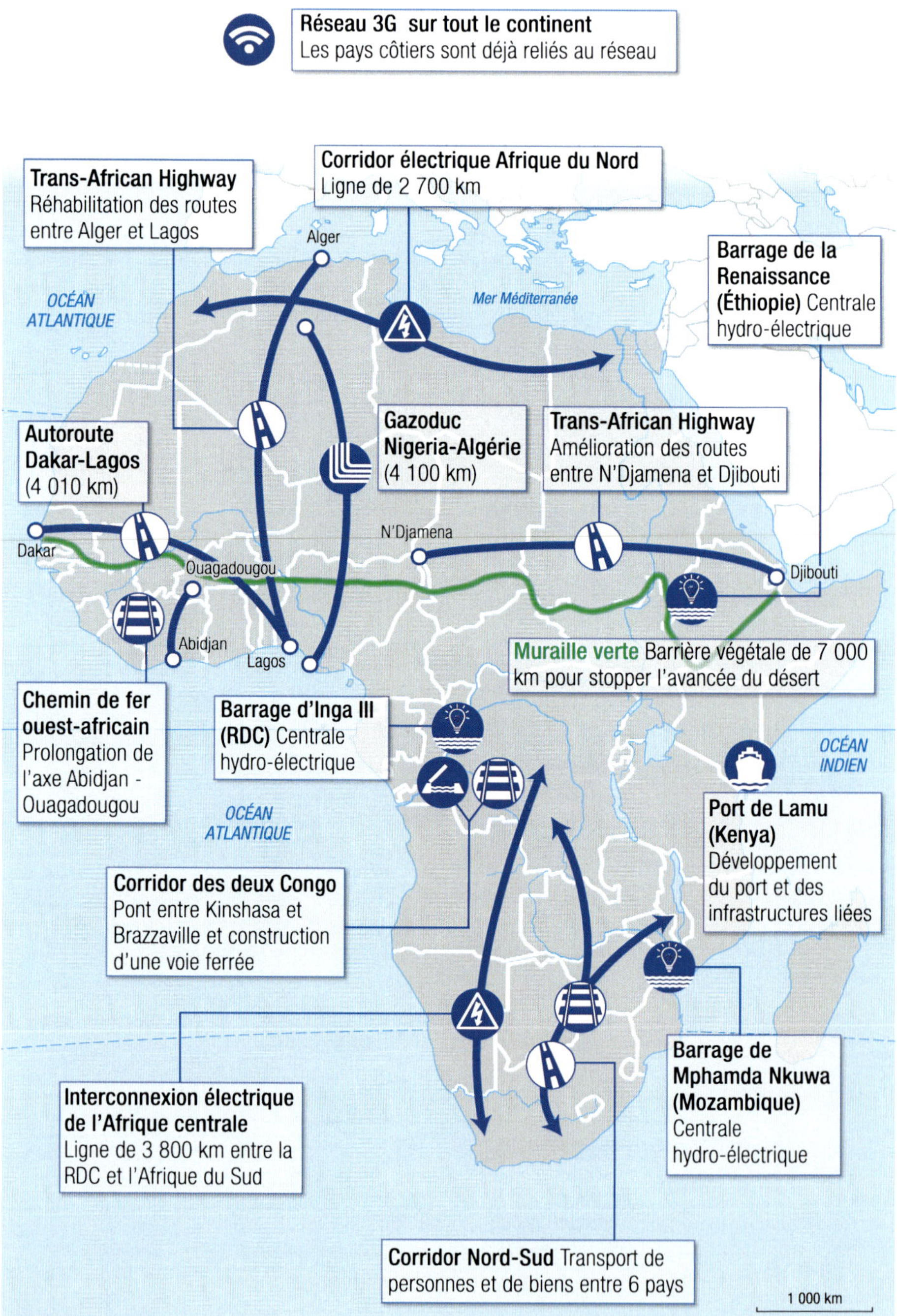

Source : *Jeune Afrique*

S. Brunel, *L'Afrique est-elle si bien partie ?*, © Éd. Sciences Humaines.

grecques ce programme aussi ambitieux que coûteux… Car l'abondance des énergies fossiles incite moins l'Afrique que d'autres régions du monde à s'engager dans la transition énergétique. Les mix énergétiques font toujours – et feront probablement longtemps encore – la part belle aux énergies fossiles, surtout lorsque le nombre de véhicules motorisés et la climatisation poussée à outrance dans les administrations et les quartiers d'affaire explosent avec l'élévation du niveau de vie et augmentent de façon exponentielle les besoins en énergie.

Le potentiel hydroélectrique de l'Afrique reste encore largement à valoriser, alors qu'aménager les fleuves s'impose, qu'il s'agisse de la fourniture d'électricité, de la navigabilité, de l'écrêtage des crues et des étiages ou encore de l'irrigation, puisque moins de 10 % des terres sont irriguées. Là encore, quelques pays sont appelés à devenir des « hubs énergétiques » pour leur environnement régional : le projet Rusomo Falls en Tanzanie devrait approvisionner Rwanda et Burundi en électricité. En Côte d'Ivoire, le barrage de Soubré, construit par les Chinois, vise à l'autonomie énergétique de la sous-région. Au Cameroun, l'immense chantier de Lom Pangar, sur le fleuve Sanaga, là encore construit par les Chinois, se veut une réalisation exemplaire en termes sociaux et environnementaux. D'autres au contraire suscitent l'inquiétude, comme en Éthiopie le pharaonique projet Renaissance, construit par l'italien Salini (qui est aussi en charge de la centrale de Bujagali en Ouganda). Renaissance est présenté comme devant permettre d'approvisionner en énergie l'Éthiopie et ses voisins, l'Égypte et le Soudan, mais il suscite surtout l'inquiétude et le mécontentement de ces derniers, fortement dépendants de l'eau du Nil.

Aujourd'hui, les barrages font peur, par les déplacements de populations qu'ils suscitent. Pourtant, bien conçus, de tels projets montrent que l'eau peut aussi être source de coopération et de développement local, à l'image de ce qui s'est passé pour Diama ou Manantali sur le fleuve Sénégal, avec l'AMVS (Autorité de mise en valeur du fleuve Sénégal). Tout dépend des rapports de force régionaux et de la plus ou grande vigilance des bailleurs de fonds et des ONG internationales.

Le continent africain est aussi l'un des plus ensoleillés au monde. Il dispose ainsi de la rente jaune, ce soleil tropical que le projet Désertec, lancé en 2003, voulait valoriser en construisant un gigantesque parc photovoltaïque au Sahara, destiné à approvisionner l'Afrique du Nord et l'Europe en électricité solaire. Les révolutions arabes de 2011, le renversement du régime de Kadhafi en Libye ont ajourné ce mégaprojet, mais il reste toujours présent dans les cartons. Le Maroc a lancé le plan solaire 2020. La Chine se positionne sur la plupart des grands projets solaires du continent en raison de son avance technologique et de ses investissements massifs dans ce domaine.

Coupée en deux par l'immense rift africain qui balafre le continent en faisant affleurer à sa surface le bouillonnement des profondeurs, l'Afrique dispose aussi, comme l'Islande, de la rente grise de la géothermie. L'Éthiopie, la montagne la plus peuplée d'Afrique, émergente et pourtant si pauvre encore, voudrait bien la valoriser pour faire face à ses immenses besoins énergétiques, elle est en train de construire la plus grande centrale géothermique du continent.

La Banque mondiale estime à près de 300 milliards de dollars les montants nécessaires pour engager la transition énergétique en Afrique subsaharienne et atteindre un accès pour tous à l'électricité. Si les régimes autoritaires peuvent désormais se multiplier en Afrique sans que les bailleurs de fonds n'érigent comme par le passé des conditionnalités draconiennes à l'octroi de leurs financements, c'est à la fois qu'il faut la garantie d'une véritable sécurité intérieure pour engager les investissements colossaux nécessaires à l'équipement du continent, mais aussi que ses pays bénéficient d'une indulgence nouvelle, à rebours de la tendance antérieure, qui se justifie par les nouvelles grandes peurs d'une planète désormais placée sous le signe du développement durable : la crainte de l'épuisement des sources d'énergie fossile assure à l'Afrique l'une des toutes premières places dans la géopolitique mondiale de l'énergie. Aux très abondantes sources d'énergie fossile, pétrole, mais aussi charbon, en Afrique du Sud notamment, et gaz, dont le Mozambique est en passe de devenir l'un des premiers producteurs mondiaux, s'ajoutent toutes les énergies renouvelables.

Le syndrome de Tarzan

Les forêts tropicales sont le deuxième atout vert du continent africain. Longtemps à l'écart de l'industrie mondiale du tourisme, son sous-développement l'a protégée de la transformation accélérée des milieux naturels qui caractérise les pays plus avancés. Elle incarne désormais une sorte d'Éden, qu'il s'agit avant tout de préserver contre l'irresponsabilité des autochtones.

Même ses caractéristiques physiques sont reconsidérées. Insalubre, hostile, dangereuse ? Pensez-vous ! L'Afrique devient la terre de l'authenticité, celle où le monde fatigué des nantis du Nord peut venir se ressourcer. Incorrigibles, les Occidentaux continuent de se persuader qu'ils savent mieux que les Africains ce qui est bon pour l'Afrique ; après l'ingérence économique et politique, voici venu le temps de l'ingérence écologique[3].

En Afrique, l'homme occidental se prend pour Tarzan, protecteur de la forêt et des grands singes contre les méchantes peuplades noires. Les réserves de terres africaines ne sont pas seulement agricoles : le bassin forestier du Congo est le deuxième du monde, après celui de l'Amazonie. Depuis la fin du XIXe siècle, l'Afrique a été mise sous cloche par les colonisateurs occidentaux, soucieux de s'assurer des terrains de chasse – en plus d'être raciste, Tintin au Congo se livrait à une véritable hécatombe. Ces

3- Georges Rossi, *L'Ingérence écologique*, CNRS Éditions, 2000.

réserves se sont progressivement transformées en parcs naturels et aires protégées au fil du XIXe siècle.

Aujourd'hui, 14 % du continent environ est classé, bien plus encore dans certains pays d'Afrique australe et orientale, au détriment des populations locales, privées de leurs terres de chasse, de cultures ou de transhumance pastorale. Ainsi les Massaïs du Kenya et de Tanzanie, les Iks de l'Ouganda, dont le sort tragique a été divulgué par l'ethnologue Colin Turnbull, les populations enserrées dans le parc du W en Afrique de l'Ouest, ou encore les Sans (bushmen) du Kalahari ont-ils perdu leurs terres coutumières au nom de la protection d'une nature dont ils étaient pourtant les gardiens ancestraux.

Des géographes tels Estienne Rodary ou Denis Chartier évoquent cette alliance de fait entre les grandes ONG environnementales et les élites politiques et économiques nationales, qui s'exerce au détriment des populations locales. Marie-Claude Smouts décrit un immense réseau intégré de la conservation mondiale, source de revenus considérables pour les États qui acceptent de classer une partie de leur territoire comme pour ceux qui trouvent des revenus dans ce secteur (guides, garde-chasse, rangers, etc.), au détriment de la masse rurale, conduite à l'exode ou à l'appauvrissement si elle ne parvient pas à en tirer profit, par l'écotourisme par exemple. Les mécanismes actuellement à l'étude sur le plan international au nom de la préservation de la biodiversité et de la lutte contre le changement climatique, qui ont pour nom PSE (paiements pour services environnementaux), ou REED (réduction des émissions liées à la déforestation et à la dégradation) risquent d'accentuer cette sanctuarisation du continent, au détriment de ceux qui l'habitent. Quand, sous la pression des ONG environnementales, l'entreprise britannique Soco international renonce à prospecter les gisements d'hydrocarbures dans la région des Virunga, en RDC, le monde entier applaudit. Et pour cause : dans ce massif forestier, un des plus anciennement classé par l'Unesco en Afrique, vit la moitié des gorilles de montagne de la planète. Pourtant, cette décision prive aussi une région particulièrement pauvre d'un potentiel énergétique et financier qui, bien gérée, aurait pu lui apporter des emplois et des revenus. Certes, l'exemple du delta du Niger, véritable scandale économique et environnemental puisque l'exploitation du pétrole aura totalement pollué une région sans aucun bénéfice pour ses habitants, n'incite pas à l'optimisme. Pourtant, il existe dans le monde des exemples d'exploitation pétrolière intelligente, comme au Pérou (projet gazier Camisea) et à Abu Dhabi. Les gisements africains offrent des perspectives de développement aux pays concernés qui risquent d'être anéanties par une vision trop conservationniste des territoires : fer du mont Nimba, aux confins de la Côte d'Ivoire, du Liberia et de la Guinée, pétrole du lac Victoria en Ouganda, ou du lac Turkana au Kenya…

Priver l'Afrique des opportunités offertes par une disponibilité abondante en énergie, c'est l'enfermer dans une vision restrictive et passéiste du développement, la muer en un sanctuaire figé, au détriment des besoins immenses de ses populations en attente de développement. Mieux vaut ériger des codes de conduite rigoureux, faire surveiller leur application par des organisations réunissant entreprises et ONG, veiller à la juste répartition de la manne entre le gouvernement central et les populations locales que transformer le continent en un conservatoire sans avenir pour ses habitants. Comme à Nairobi, où les parcs naturels bloquent l'extension de la ville et conduisent les migrants ruraux à s'entasser dans des quartiers spontanés surdensifiés, avec tous les problèmes d'hygiène, de sécurité, et de transport qu'une telle promiscuité engendre. Le film *Avatar* mettait en scène une nature idéale et fantasmée qui portait le beau nom de Pandora. La réalité s'appelle Dandora, la plus grande montagne d'ordures d'Afrique, aux portes de Nairobi : 2 000 tonnes de déchets produits chaque jour par les 5 millions d'habitants de Nairobi ! Ce nouvel apartheid entre une faune et une flore portées au pinacle et des populations cantonnées dans des espaces de relégation n'est pas anecdotique : il symbolise les écarts de développement croissants entre les riches et les laissés-pour-compte de la *Rising Africa*.

Le défi de l'urbanisation : la nouvelle banlieue du monde

L'Afrique des villes s'accroît à une vitesse vertigineuse. Innovantes, fourmillantes, elles animent leur *hinterland*... mais restent aussi des foyers d'insécurité, de violence et de chômage.

Le défi de l'urbanisation tient en quelques chiffres simples : en 1950, il n'existait aucune ville de plus d'1 million d'habitants au sud du Sahara. En 2010, elles étaient trente-huit ! Plus du tiers de la population vit désormais en ville en Afrique subsaharienne (la moitié si l'on inclut l'Afrique du Nord, beaucoup plus urbanisée). Mais près des deux tiers de ces urbains vivent en réalité dans des bidonvilles[1] qui s'étendent démesurément, grignotant les campagnes. L'Afrique est devenue une immense banlieue, à deux échelles différentes : banlieue du monde, tenue à l'écart par des politiques migratoires restrictives des principaux centres de la mondialisation, banlieue périurbaine du continent où la ville croît de façon anarchique et violente, malgré la résilience de ses habitants. Banlieue : lieu du bannissement...

Périurbanisation

Ce n'est qu'en 2030 que la population urbaine dépassera celle du milieu rural au sud du Sahara. D'ici là, 500 millions d'Africains quitteront les campagnes pour rejoindre les villes. La croissance urbaine évolue à la mesure de cette immense migration : aux indépendances, qui voient se lever les restrictions aux

1- Voir cahier central, « Bidonvilles en Afrique », p. V.

migrations en provenance des campagnes en vigueur durant la colonisation, et jusqu'au début des années 1980, c'est la ville primatiale, généralement la capitale, qui concentre l'urbanisation. On parle de macrocéphalie urbaine. Progressivement, en raison de la volonté de rééquilibrage des pouvoirs publics et des difficultés de la vie dans la mégalopole, le réseau urbain se rééquilibre en direction des villes petites et moyennes. La capitale reste toujours disproportionnée par rapport au reste du tissu urbain, mais sa prééminence s'amenuise. La croissance démographique urbaine d'ici 2030 devrait se réaliser aux deux tiers dans les villes secondaires.

Ce qui caractérise aujourd'hui l'évolution urbaine, c'est qu'à la vigueur de la croissance urbaine et à la macrocéphalie de la ville primatiale, est venue se greffer la montée de la périurbanisation. Beaucoup de villages deviennent de gros bourgs, tandis qu'autour des villes, les banlieues s'étirent indéfiniment, marquées par l'imbrication des activités de services urbains et la persistance des champs cultivés.

L'accroissement de la population urbaine s'opère ainsi de trois façons complémentaires :

– le peuplement des zones interstitielles, jusque-là non loties car insalubres, inondables, trop pentues ou tout simplement volontairement laissées nues pendant la période coloniale pour constituer des zones tampon entre la ville blanche (devenue la ville bourgeoise) et la ville indigène (devenue les quartiers populaires) ;

– la densification des quartiers populaires, où les concessions se remplissent de constructions supplémentaires au fur et à mesure de l'arrivée de nouveaux migrants, où des étages apparaissent sur les constructions initiales, où l'occupation des pièces louées par les propriétaires se fait de plus en plus dense, avec la division des pièces en boxes supplémentaires, l'ajout de nouveaux lits, etc. ;

– l'extension en doigts de gant le long des axes de communication, dévorant les bonnes terres agricoles et donnant lieu à des opérations de spéculation immobilière à la périphérie de la ville, les chefs traditionnels se transformant en lotisseurs pour attribuer des parcelles aux nouveaux arrivants, qui ne savent pas toujours que leur maison se situe en réalité sur une terre qui n'a pas forcément été légalement immatriculée et ne leur appartient toujours pas.

Péril fécal

Deux tiers des citadins africains vivent donc dans des bidonvilles. Autant les beaux quartiers font illusion, avec leurs belles routes ombragées et leurs résidences soigneusement entretenues et gardées, autant le reste du tissu urbain des villes africaines est dégradé. Les routes sont défoncées, creusées d'ornières profondes que chaque pluie et chaque camion aggravent un peu plus. Le goudron part en plaques quand il a existé, sinon la piste est en terre, poussiéreuse quand il fait sec, recouvrant marchandises et habitants d'une pellicule grisâtre, boueuse quand il a plu. Les systèmes d'évacuation d'eau sont soit inexistants, soit mal conçus, ou encore obsolètes car datant d'un temps où la ville était moins peuplée et moins étendue. Les cours d'eau, les mares et les collecteurs sont envahis d'ordures, qui attirent rats et blattes et obstruent l'évacuation des eaux de ruissellement. Résultat : au moment des pluies, l'eau stagne dans les quartiers populaires, provoquant une prolifération de moustiques et l'explosion des maladies diarrhéiques, car les latrines débordent, inondant les voies de circulation. Le péril fécal reste un grand danger des villes africaines dont la plupart restent les pieds dans l'eau pendant la saison des pluies.

Plus encore que l'état de la voirie, c'est la question de la gestion des déchets et de l'évacuation des eaux usées qui est le problème numéro un des villes africaines aujourd'hui. L'approche de la ville – et du village – se signale désormais par la prolifération des ordures et des sacs plastiques. Ils envahissent l'espace périurbain, s'amoncellent en tas jamais ramassés, dans des décharges sauvages qui polluent le paysage, volent au gré du vent pour s'accrocher aux branches des arbres. Pour lutter contre le fléau de la pollution par les sacs plastiques, certains pays, comme le Gabon ou le Bénin, en ont désormais interdit la distribution. Faire respecter une telle réglementation est difficile tant la poche sert à tout, livrer de l'eau, vendre de petites portions de nourriture protégées de la poussière et des insectes, bien plus que servir de poubelle. Leur environnement étant dégradé, les habitants n'en prennent pas soin et jettent leurs déchets dans la rue. Quand ils essaient de constituer des poubelles, elles sont rarement ramassées et se transforment au fil des jours en abcès de concentrations croissantes d'ordures nauséabondes et infestées de vermines.

Apartheid urbain

La ville propre et bien entretenue des riches s'oppose ainsi à la ville sale et délaissée des pauvres. La ségrégation touche tous les aspects de la vie quotidienne : distribution d'eau potable, enlèvement des encombrants, entretien des routes, soins apportés à la propreté et à la végétation. Changer de quartier, c'est souvent changer de monde. Quand une visite officielle s'annonce, ou bien un événement qui va attirer journalistes et chefs d'État, on déblaie hâtivement le corridor que vont emprunter les convois : de l'aéroport au palais des congrès, à la présidence et au grand hôtel, tout sera rendu impeccable en quelques jours, les trottoirs balayés, les petits marchands de rue et les mendiants chassés, les routes refaites, et même la végétation poussiéreuse et étique revue par l'adjonction de superbes parterres fleuris arrosés à grands frais. Mais cette réfection est opérée selon la technique de la poussière sous le tapis : les quartiers adjacents récupèrent ce qui a été évacué de l'artère vitrine et se retrouvent plus sales et plus embouteillés encore. À peine la visite passée, la vie quotidienne reprend ses droits. Si le visiteur officiel revenait incognito quelques jours plus tard, il n'en croirait pas ses yeux.

Soucieux de maîtriser l'expansion urbaine, anarchique en l'absence de schémas d'aménagement et de plans d'occupation des sols, les pouvoirs publics se livrent régulièrement à des opérations brutales de déguerpissement, rasant les bidonvilles dont les habitants ne détiennent pas de titres de propriété légaux, afin d'affecter aux classes moyennes, souvent des fonctionnaires, les nouveaux lotissements. Il en résulte une extension de la ville à ses périphéries – les déguerpis étant réduits à s'installer dans des quartiers non encore touchés par l'expansion urbaine – et son corollaire, l'accroissement des mouvements pendulaires, donc de la congestion du trafic aux heures de pointe. Et il est encore plus difficile de décrocher un emploi dans le secteur formel pour toute cette population flottante qui peine à trouver sa place dans la ville.

Le Sénégal est un bon exemple de cette urbanisation dévoyée. Si la population totale du Sénégal a quadruplé depuis l'indépendance, passant de 3 à 12 millions d'habitants – son taux de croissance commence seulement à amorcer un léger infléchissement –, la population urbaine, elle, a été multipliée par plus de 7 ! Avec plus de 3 millions d'habitants, l'agglomération urbaine de Dakar, qui ne comptait que 350 000 habitants aux indépendances, en abrite désormais près de dix fois plus. Sur moins de 0,3 % du territoire sénégalais, une étroite péninsule tournée vers l'Atlantique, la capitale du Sénégal abrite plus de la moitié de la population urbaine du pays et l'essentiel des industries !

À Dakar, les déchets collectés sont simplement épandus au nord-est de la ville, sur la décharge de Mbeubeuss : 75 hectares d'ordures à ciel ouvert, véritable bombe écologique à proximité de la ville de Pikine et des zones maraîchères. Pikine, qui compte aujourd'hui un million d'habitants, n'était aux indépendances qu'un immense bidonville constitué de nouveaux venus des campagnes et de déguerpis chassés de Dakar. Démesurément étendue « au ras du sol », elle est devenue une ville à part entière en 1996, mais reste dominée par le problème du sous-emploi d'une population particulièrement jeune et la proximité d'activités peu compatibles avec l'habitat : les industries chimiques du Sénégal, la décharge de Mbeubeuss, les grands abattoirs… Pourtant, le Sénégal, comme beaucoup d'autres pays africains, affirme miser sur l'économie verte.

Un pied dedans, un pied dehors

L'Afrique est en train de reproduire le modèle urbain nord-américain : extension démesurée des villes au ras du sol suscitant des migrations pendulaires massives. Gaspillage d'espace au détriment des terres agricoles, gaspillage de temps et d'énergie, pollution massive. Alors qu'elle devrait passer directement à des villes durables, le modèle urbain butte sur le manque d'investissement et sur le statut foncier incertain des terres.

Une autre grande caractéristique de l'urbanisation africaine, c'est que les liens avec le monde rural restent encore très forts. La mobilité caractérise les migrations : on vient à la ville pendant la saison sèche, pour vivre de petits boulots pas forcément légaux, mais on retourne à la campagne quand arrivent les pluies et qu'il faut de la main-d'œuvre pour cultiver les champs. Les liens avec le village permettent de conserver un approvisionnement privilégié en produits frais et de fournir ceux qui sont restés en brousse en biens et services urbains, parfois chèrement monnayés. Le géographe Jean-Louis Chaléard écrit ainsi que les citadins ont toujours un pied dedans, un pied dehors. Les familles urbaines se voient confier des jeunes en provenance de la campagne pour les héberger et les scolariser en échange de services domestiques, c'est la pratique du tutorat – qui se résume parfois à l'exploitation pure et simple d'une main-d'œuvre jeune et captive. Dans les quartiers populaires, les communautés se regroupent par régions, voire par villages d'origine, ce qui permet aux nouveaux arrivants des campagnes de trouver un point de chute et maintient les solidarités anciennes mais attise les règlements de compte communautaires en cas de troubles.

Deux phénomènes sociaux caractérisent aujourd'hui les villes africaines : le nombre croissant d'enfants des rues et l'explosion de la mendicité. Les solidarités traditionnelles ne se perpétuent en effet que lorsqu'il y a possibilité de réciprocité. Lorsque l'arrivée à la ville se traduit par une déstructuration sociale (foyers monoparentaux, femmes répudiées, mortalité liée au sida, départ des jeunes qui refusent le poids des anciens et des traditions au village), l'individu se retrouve isolé et ne peut plus compter sur ses réseaux. Le phénomène des enfants des rues, réduits à la mendicité, au chapardage ou à la prostitution, s'aggrave ainsi avec l'urbanisation. Même si globalement on vit mieux en ville, où l'on a accès aux services de santé, d'éducation, de planning familial, et aux emplois domestiques et de services offerts par la bourgeoisie, la pauvreté urbaine est plus visible et plus violente que la pauvreté rurale, où l'individu peut toujours compter sur la solidarité du village et se nourrir grâce à l'autoconsommation.

Les illusions du microcrédit

De la rupture des solidarités naissent la montée de l'individualisme (les nouvelles bourgeoisies en ont assez d'entretenir la parentèle élargie, alors que la redistribution peut affecter jusqu'au tiers du revenu), les inégalités foncières et sociales (posséder sa terre ouvre la voie à l'enrichissement), et la mendicité. Sur le modèle de l'Occident, l'Afrique du bien (matériel) évince l'Afrique du lien (social) et celui qui s'enrichit en vient souvent à se calfeutrer pour se protéger des sollicitations incessantes. De même, celui qui accède à une charge politique ou à une fonction de prestige est assailli de quémandeurs. C'est la politique du ventre, du titre de l'ouvrage de Jean-François Bayart : quand on vous a « donné à manger », il faut que tous les proches en bénéficient. Ne pas redistribuer, ne pas faire profiter la famille ou le village de vos largesses, c'est déchoir. L'émigré est tenu d'envoyer une partie significative de son revenu à sa famille ou à son village d'origine, surtout si la communauté s'est cotisée pour lui permettre de partir et de financer son voyage auprès du passeur.

Les institutions de microcrédit démarchent de façon agressive et concurrente les personnes vivant en milieu périurbain, si touchées par la publicité et les tentations multiples qu'elles offrent des proies faciles. Il n'est pas rare ainsi de rencontrer des familles en situation de surendettement parce qu'elles ont contracté auprès de multiples organismes différents des crédits à la consommation. Les activités financées par le microcrédit (petite restauration, petit élevage, atelier de couture ou de coiffure…) ne permettent pas de sortir de la pauvreté, elles servent juste d'amortisseur social. Au Bénin, les femmes se lancent dans la fabrication et la vente d'alcool (le tchouk) pour pouvoir rembourser leur crédit au plus vite. Mais la multiplication des institutions de microfinance crée aussi des opportunités économiques et un pouvoir d'achat certain. Tout se vend et s'échange en périphérie des villes, dans les quartiers populaires ou dans les grands marchés centraux.

En 2050, l'Afrique comptera entre 2 et 2,4 milliards d'habitants. 60 % vivront en ville, contre 40 % aujourd'hui. Neuf villes compteront probablement plus de 10 millions d'habitants : Lagos, l'agglomération du Gauteng (Johannesbourg-Pretoria) et Le Caire bien sûr, mais aussi Abidjan, Addis-Abeba, Dar Es Salam, Khartoum, Kinshasa, Luanda. Chaque jour, de nouveaux arrivants viennent tenter leur chance dans ces cités géantes où la vie est souvent dure, malgré toutes les opportunités qui y semblent possibles. Donner confiance en l'avenir à ces nouveaux urbains est un impératif absolu pour les dirigeants africains.

L'émergence des classes moyennes : une réalité ambiguë

Dans *Petite prospérité*[1], le photographe Joan Bardeletti, qui a passé de longs mois à photographier la classe moyenne en Afrique, en donne une définition simple : « Les classes moyennes sont les personnes disposant d'une somme d'argent qu'elles peuvent choisir de dépenser ou non une fois qu'elles ont satisfait à leurs besoins essentiels. Cette petite prospérité demeure très modeste mais signifie la sortie de la précarité. Elle permet de réduire la peur du lendemain et d'envisager des investissements dans le futur. » Ses photographies d'un dimanche de pique-nique à la plage pour une famille mozambicaine, de Madame Coulibaly, mariée et mère de quatre enfants (elle-même est l'aînée de vingt frères et sœurs !) qui travaille pour une entreprise de téléphonie à Abidjan ou d'un Rotary club kenyan sont très éloquentes de la diversité de cette nouvelle bourgeoisie africaine, qui donne un nouveau visage au continent et suscite l'appétit des entreprises.

Comment définir et représenter la classe moyenne ? Par le revenu et le patrimoine (ce qu'on possède), par le statut social (ce que l'on est), par les pratiques (ce que l'on fait). Une des caractéristiques majeures des classes moyennes est le désir de ceux qui en font partie de s'élever en adoptant des comportements et des biens qui servent de marqueurs sociaux (les fameux critères de distinction de Pierre Bourdieu), tout en craignant et en rejetant

1- Joan Bardeletti, Dominique Darbon, *Petite prospérité, classes moyennes en Afrique*, éd. Images en Manoeuvres, 2011.

tout ce qui pourrait les ramener à nouveau vers le bas : la crainte du déclassement. Amartya Sen, prix Nobel d'économie 1998, définit le statut d'une personne par la question des « capabilités », son revenu, son patrimoine, l'assistance qu'elle reçoit ou non. La part des dépenses consacrées à la santé et à l'éducation s'accroît avec l'élévation du revenu : une des caractéristiques de la classe moyenne est le souci de transmettre à ses enfants à la fois un patrimoine et une éducation, qui lui permettent de vivre mieux que la génération précédente. Posséder une voiture, être propriétaire de sa maison sur un terrain légalement immatriculé, inscrit au cadastre, sont des critères de distinction indiscutables et recherchés.

Entre ceux qui viennent de quitter le statut de pauvres et ceux qui appartiennent déjà à la petite bourgeoisie des villes et ont, par exemple, la capacité de pratiquer cette mobilité choisie qu'est le tourisme en partant en vacances, ou encore de se faire soigner à l'étranger ou d'y envoyer leurs enfants étudier, l'écart reste considérable. Un seul exemple, le téléphone portable : même si 650 millions de personnes sont abonnées, une sur dix seulement possède un smartphone, trop cher pour la grande majorité des clients, dont beaucoup se contentent de recevoir des appels sans jamais en donner. Les opérateurs préfèrent vendre des cartes prépayées afin d'éviter tout défaut de paiement. Mais même ainsi, les fabuleux chiffres d'affaires qu'ils ont réalisés au cours des dernières années s'essoufflent : dans les pays les plus avancés, le marché est en voie de saturation. Les revenus par utilisateur oscillent entre 4 et 6 dollars par mois, trois fois moins qu'en Amérique latine ! Le grand défi est aujourd'hui de permettre l'accès à Internet, qui ne touche que 16 % des Africains. Les opérateurs de téléphonie mobile, qui se livrent une concurrence farouche et sont entrés dans la phase des regroupements, misent désormais sur le développement des services par mobile, mais en dehors du Kenya, où Safaricom a pris une avance considérable avec le paiement par téléphone (M-Pesa), ils restent encore embryonnaires. Cet exemple du téléphone mobile illustre ainsi l'hétérogénéité et l'ambiguïté des classes moyennes africaines.

La classe moyenne africaine : un concept flou

Si l'essor des classes moyennes caractérise la mondialisation et l'essor des pays émergents, leur définition, telle qu'elle est généralement adoptée, notamment par la Banque mondiale, suscite en Afrique un ajustement spécifique : alors que la « *global middle class* » du monde englobe les populations dont le pouvoir d'achat quotidien va de 12 à 50 dollars US par jour en parité de pouvoir d'achat (4 000 à 17 000 dollars US par an), cela ne représente qu'un peu moins de 50 millions de personnes sur le continent africain. La Banque africaine de développement considère donc qu'en Afrique, la classe moyenne démarre à partir d'un pouvoir d'achat supérieur à 2 dollars US en PPA (parité de pouvoir d'achat) par personne et par jour. Pour elle, la classe moyenne, ce sont les personnes dont le pouvoir d'achat va de 2 à 20 dollars par jour. Elle les subdivise en trois catégories[2] :

– la masse des personnes qui viennent de s'arracher à la pauvreté extrême et aux préoccupations de survie pour commencer déjà à disposer d'un pouvoir d'achat. C'est la « *floating middle class* » (classe moyenne flottante), qui dispose de 2 à 4 dollars par jour. Elle représente environ 200 millions de personnes, l'écrasante majorité de la classe moyenne africaine ;

– la « *lower middle class* », qui dispose de 4 à 10 dollars par jours. Elle compte environ 80 millions de personnes ;

– la « *upper middle class* » enfin, qui dispose d'un revenu supérieur à 10 dollars par jour et par personne (et inférieur à 20), qui représente environ 40 millions de personnes.

Au total, c'est donc environ 320 millions de personnes qui feraient partie de la classe moyenne africaine parce qu'elles dis-

2- Voir cahier central, « Les classes moyennes en Afrique », p. III.

posent d'un revenu quotidien compris entre 2 et 20 dollars par jour en PPA.

Depuis 1990, cette classe moyenne a doublé en volume (151 millions de personnes en 1990, 27 % de la population du continent) et s'est accrue en pourcentage : plus d'un Africain sur trois en fait aujourd'hui partie (35 % de la population). Le taux d'accroissement de cette classe moyenne africaine (+ 3,1 % par an de 1980 à 2010) est supérieur à celui de la croissance démographique (+2,6 % par an).

Dans chaque pays, la classe moyenne présente des spécificités différentes. Le facteur clé de son apparition est l'urbanisation. Plus le taux d'urbanisation est élevé, plus la classe moyenne est présente. En moyenne, il ne dépasse pas 35 % au sud du Sahara, mais il s'accroît rapidement. Les pays considérés comme les plus attractifs car situés sur les littoraux présentent des taux beaucoup plus élevés. Vient ensuite l'importance du secteur secondaire et de la fonction publique. Cependant, rares en dehors de l'Afrique du nord et de l'Afrique australe sont les pays qui connaissent cette industrialisation. Le secteur secondaire ne représente que 16 % en moyenne de la population active, contre 31 % en Asie de l'Est. Et la classe moyenne issue de la fonction publique a beaucoup souffert de la décennie de la dette (1980-1990) et des plans d'ajustement structurel qui l'ont caractérisée ; elle a ensuite été affectée par la décennie du chaos, qui était celle des conflits internes et de la baisse de l'aide publique au développement (1991-2001). Depuis le début des années 2000, c'est l'essor du secteur privé et le boom des matières premières qui expliquent la montée des classes moyennes.

Une opportunité pour la croissance économique

La stabilité du revenu et la capacité d'achat restent des critères essentiels pour distinguer ceux qui appartiennent vraiment à la classe moyenne et ceux qui se trouvent encore dans une situation précaire et consacrent notamment encore une grande partie de leurs revenus fluctuants à acheter de la nourriture. 70 à 80 % du revenu des personnes marquées encore par la précarité reste consacré à l'achat de nourriture. Il est d'ailleurs significatif de constater que trois systèmes d'approvisionnement se côtoient : les marchés populaires, qui appartiennent le plus souvent au secteur informel ; les supermarchés et les hypermarchés (Carrefour vient de s'installer en Afrique) ; les malls enfin, réservés surtout à une clientèle aisée et occidentalisée : ce n'est pas un hasard si l'attentat perpétré par le groupe somalien islamiste Al-Shabaab du 21 au 24 septembre 2013 a pris pour cible le mall Westgate (porte de l'Ouest) à Nairobi. La classe moyenne continue à faire ses achats au bazar ou sur les petits marchés, où elle trouve des produits locaux à bas prix (y compris d'ailleurs contrefaits ou au marché noir) et peut se livrer à l'art du marchandage, mais elle se rend aussi au supermarché pour trouver des produits qu'elle considère comme modernes, de qualité et plus sûrs car importés.

Cette montée des classes moyennes offre donc des opportunités considérables aux producteurs de biens et de services : les multinationales s'associent à des partenaires locaux (sud-africains et nigériens notamment) pour pénétrer les marchés de consommation, qu'il s'agisse de grandes chaînes de distribution (Walmart, Carrefour), de services bancaires, de brasseurs et de vendeurs de boissons (Pernod-Ricard, Diageo) et cigaretiers, firmes de vêtements, compagnies pharmaceutiques et cosmétiques (L'Oréal cible aujourd'hui l'Afrique), opérateurs de téléphonie, d'informatique, etc. La capacité des Africains à adopter les innovations qui leur sont utiles, par exemple tous les services par téléphone portable, comme le *mobile banking* (M-Pesa en Afrique de l'est), les rend beaucoup plus réactifs que les consommateurs occidentaux. Comme les entreprises chinoises l'ont parfaitement compris, il vaut mieux vendre beaucoup et pas cher (« cibler le bas de la pyramide ») à des millions de pauvres que peu et cher à quelques happy few, d'autant que l'un n'empêche pas l'autre si la gamme de produits est bien ciblée : on peut en Afrique vendre du champagne, du cognac, des smartphones et des berlines de luxe à la minorité très aisée, mais aussi des millions de cyclomoteurs, de téléphones basiques et de fast food, (avec pour corollaire, l'explosion du diabète au sein de populations dont les organismes habitués à la frugalité ne sont pas préparés à manger gras et sucré).

La montée des classes moyennes laisse entrevoir pour l'État la possibilité de percevoir des recettes fiscales directes qui puissent porter le développement : pour l'instant les recettes budgétaires reposent surtout sur la fiscalité indirecte, la taxe sur la valeur ajoutée (qui présente l'inconvénient de pénaliser les pauvres et de les enfermer dans le secteur informel) ou les recettes douanières sur l'importation des marchandises aux frontières. Les inspecteurs des douanes, les fonctionnaires portuaires et tous les agents qui sont affectés aux activités d'import-export occupent les fonctions parmi les plus convoitées en Afrique pour tous les revenus auxquels elles permettent d'accéder.

Le boom des matières depuis le début des années 2000 et la nouvelle attractivité du continent sur la scène internationale ont ouvert à la classe moyenne émergente des opportunités qui lui ont permis de se développer rapidement. Le moteur de la croissance économique repose désormais non seulement sur les exportations de produits bruts, mais aussi sur la consommation interne. La croissance économique africaine, si soutenue depuis le début des années 2000, est ainsi due pour un tiers à la flambée du cours des matières premières (secteur qui emploie moins de 1 % de la main-d'œuvre), pour un tiers à l'essor de la consommation intérieure, et pour le dernier tiers aux grands travaux de construction d'infrastructures, initiés généralement par l'État et les grandes agences de coopération internationale.

Les politiques de lutte contre la pauvreté, généralisées en Afrique après la période noire de l'ajustement structurel – qui a entraîné l'explosion du chômage, de la misère et des « déflatés », les personnes qui ont perdu leur emploi dans le secteur public et parapublic à cause des grands programmes de privatisation –, se sont ajoutées aux dynamiques internes propres au continent. Comme, au milieu des années 2000, l'Inde avec le New Deal et la Chine avec l'Harmonie sociale et le concept de « petite prospérité », bien des dirigeants africains ont compris que, face à la crise profonde des pays du Nord, leur salut résidait dans l'essor du marché intérieur de leurs pays, donc dans l'apparition et le renforcement d'une classe moyenne.

La nouvelle bourgeoisie arc-en-ciel

À cet égard, l'Afrique du Sud présente un cas d'école tout à fait intéressant : la nation arc-en-ciel est devenue un pays de classes moyennes depuis la fin de l'apartheid grâce à l'augmentation des salaires, aux transferts sociaux et aux quotas visant à accroître la participation des Noirs dans la fonction publique et à l'université (politique de discrimination positive). Près de la moitié de la population sud-africaine est désormais considérée comme appartenant à la classe moyenne. Elle possède l'électricité (4 Sud-africains sur 5) des ordinateurs, des fours à micro-ondes, des voitures. Quand on en exclut la *floating middle class* – revenu inférieur à 4 dollars par personne et par jour –, cette classe moyenne sud-africaine comporte encore près du cinquième de la population du pays, environ 10 millions de personnes, et elle est composée pour plus de moitié de Noirs et d'un tiers de Blancs. Il y a dix ans, en 2004, c'était l'inverse : les Blancs formaient la moitié de la classe moyenne et les Noirs moins du tiers. La classe moyenne ne comptait alors que 1,7 million de personnes.

Mais les révoltes sociales en Afrique du Sud le montrent aussi : cette classe moyenne fragile revendique une gouvernance et un aménagement du territoire à la hauteur de ses espérances. Son caractère urbain et sa jeunesse la rendent prompte à tous les débordements. Pour prospérer, la classe moyenne a besoin d'un contexte politique de stabilité des institutions, de confiance envers l'avenir et de sécurité. Mais paradoxalement son émergence peut engendrer au contraire des tensions sociales et de l'instabilité. Les convulsions qui ont saisi les Brics au cours des dernières années correspondaient précisément aux revendications d'une classe moyenne désormais bien constituée, qui estimait que le gouvernement n'était pas à la hauteur de ses attentes. Refus de la corruption et des passe-droits, dénonciation des goulets d'étranglement dans les infrastructures et du coût des transports, insuffisance et mauvaise qualité de l'offre en matière d'éducation et de santé, révolte devant la progression foudroyante des inégalités, la classe moyenne n'accepte pas de voir se profiler le risque de déclassement qu'elle redoute plus que tout. Elle descend alors dans la rue, réclame et se révolte, comme le montrent les émeutes de la faim de 2007-2008 et 2010 ou les révolutions arabes de 2011. Au bilan, dans cette Afrique en ébullition, les classes moyennes offrent à la fois une formidable opportunité de développement, mais elles représentent aussi, en raison de leur fragilité, un grand facteur de risque.

Les pays émergents confrontés à un problème similaire, en Amérique latine et en Asie, le résolvent par des programmes de « *Conditional Cash Transfer* », concept théorisé en 2006 par la Banque mondiale, mais mis en œuvre dès le milieu des années 1990 par le Brésil ou le Mexique. Ces programmes consistent à allouer aux familles situées en deçà d'un certain seuil de pauvreté des sommes d'argent d'un montant certes limité, mais qui représente pour les bénéficiaires une aide considérable. Ces versements sont conditionnés à un certain nombre de « bonnes pratiques » au regard des critères des bailleurs de fonds internationaux : la scolarisation des enfants, leur vaccination, le suivi médical des femmes pendant leur grossesse, la recherche active d'un emploi, etc. On peut penser que pour la *floating middle class*, de tels programmes seraient un appoint utile qui lèverait définitivement le risque de retomber dans la précarité. Mais ils supposent la capacité de pouvoir cibler précisément les bénéficiaires, ce qui se révèle très difficile en Afrique, où les populations sont à la fois mouvantes et très largement employées dans le secteur informel, l'État souvent défaillant, et où prédomine la méfiance à l'égard de toute volonté de contrôle, qui renvoie aux heures noires du travail forcé et fait craindre de nouvelles taxes et autres impôts. La figure de l'enquêteur suscite toujours la plus grande suspicion. De ce fait, l'État africain connaît au fond très mal sa population et ses résidents étrangers.

Alors faut-il compter sur l'effet d'entraînement suscité par le boom économique de la *Middle Africa*, ces futurs émergents qui se multiplient au sud du Sahara ? Miser sur le marché plutôt que sur l'État ? L'expérience montre que ce type de politique n'est pas suffisant : il faut investir dans les secteurs non rentables sur le court terme, comme l'éducation ou la santé primaires, pour susciter un développement durable, car ce sont ceux dont l'effet multiplicateur se révèle le plus solide. Distribuer des vaches, comme au Rwanda, ou augmenter les possibilités d'emploi en accueillant des zones franches, comme en Éthiopie, sont des stratégies très différentes, mais qui portent leurs fruits… si l'État applique véritablement la politique annoncée. Car la gabegie, la corruption, les détournements menacent toute politique qui suppose la mise à disposition, par la communauté internationale, de financements importants.

L'Afrique peut-elle se nourrir ?

L'Afrique bénéficie d'un atout majeur : d'immenses terres cultivables sous-exploitées et d'immenses forêts. Elle est pourtant le continent où la faim touche en pourcentage le plus grand nombre de personnes.

Alors qu'en 2007-2008, les émeutes de la faim secouent les pays structurellement dépendants de leurs importations alimentaires, le monde réalise que moins de 10 % des terres utilisables en Afrique sont mises en valeur, que 60 % des réserves de terres de la planète se trouvent dans ce continent. Et les rendements sont tellement faibles que les potentialités de production semblent considérables. C'est ce qui explique ce que les médias qualifient de « ruée[1] » sur les terres agricoles africaines : les États confrontés à l'insuffisance de leur propre production par manque de terres ou contraintes climatiques extrêmes, comme l'Arabie saoudite ou la Chine, délocalisent désormais leur sécurité alimentaire vers des pays immenses et peu mis en valeur, tels Madagascar et le Soudan.

Âprement critiquée à l'extérieur par le risque de dépossession des populations autochtones et d'agriculture minière qu'elle fait courir aux pays concernés, cette ruée est pourtant perçue comme une opportunité par les pouvoirs politiques africains, qui se heurtent à la pauvreté et au manque de moyens en milieu rural. « Il n'y a pas accaparement des terres, mais investissement » résume en décembre 2010, à Paris, Agatham Ag Alassane,

1- Voir carte page 128.

ministre de l'Agriculture du Mali, qui avait passé un accord avec la Libye de Kadhafi pour la mise en valeur de son pays.

Une agriculture intelligente… pour de faibles densités

Pour l'État africain, concéder d'immenses superficies de terres à des investisseurs extérieurs qui promettent de les moderniser est tentant : c'est la garantie de recevoir des financements et de voir mis en valeur de vastes périmètres. Aux indépendances, les États avaient voulu moderniser leur agriculture en la mettant sous coupe réglée par la création de sociétés d'État, d'offices publics, de périmètres irrigués où l'ingénieur imposait sa loi aux paysans transformés en ouvriers agricoles. Ces tentatives de modernisation ont échoué car la paysannerie africaine n'accepte pas de se voir ainsi enrôlée. Les géographes disent qu'elle est « non capturée ». Aussi courageuse que les autres paysanneries du monde – il suffit de manier une houe sous le soleil tropical pour s'en convaincre –, mais longtemps enfermée dans un système, l'essartage, qui peut paraître archaïque mais est en réalité le plus intelligent qui soit en termes de productivité, l'Afrique a été confrontée à une croissance démographique rapide qui a provoqué un décrochage de type malthusien entre la production et la demande.

L'agriculture africaine était pourtant une des plus intelligentes qui soit au regard des atouts et des contraintes du milieu naturel : quand on dispose de beaucoup de terres disponibles et qu'on est peu nombreux, pratiquer le brûlis et de longues jachères assure des résultats très satisfaisants pour un travail minimum, concentré sur quelques mois de l'année seulement. Les systèmes agricoles de l'Afrique subsaharienne étaient ainsi étroitement adaptés à des densités de population faibles et à d'immenses réserves foncières. Là où se trouvaient des régions refuge contre la conquête islamique ou les razzias d'esclaves, les fortes densités de populations avaient suscité au contraire des systèmes culturaux intensifs de type asiatique. Ailleurs, ils étaient extensifs, étroitement adaptés aux conditions naturelles, et se cantonnaient le plus souvent sur les interfluves, car les insectes vecteurs de maladies invalidantes, telles la trypanosomiase, transmise par la redoutable tsé-tsé, l'onchocercose ou cécité des rivières, le ver de Guinée, occupent les galeries forestières qui bordent les cours d'eau.

En Afrique tropicale humide, l'Afrique des paniers misait sur des tubercules essentiellement (manioc, igname) qui produisent beaucoup et peuvent rester en terre si l'on n'a pas besoin de les récolter immédiatement, associés à des plantes arbustives comme les bananiers, les palmiers à huile, les papayers. Dans l'Afrique des savanes, l'Afrique des greniers était fondée, elle, sur des cultures de céréales concentrées pendant la saison des pluies, puis entreposées dans des lieux de stockage à l'abri des ravageurs, pour tenir pendant la saison sèche. Cette nécessité de stocker y a suscité de nombreuses villes précoloniales et des États, alors que l'Afrique équatoriale était plutôt le siège de sociétés acéphales, vivant dans des villages. Dans les deux cas, pas de gros bétail, donc pas d'attelage : en Afrique tropicale humide, la maladie du sommeil décime les bœufs comme les chevaux (et les hommes). Plus au nord, là où il fait trop sec pour cultiver la terre et où la glossine responsable de la maladie ne sévit plus, commence l'Afrique des éleveurs nomades, qui déplacent leurs troupeaux d'est en ouest et du nord au sud à la recherche des pâturages au gré des saisons. Plus au nord encore, au Sahara, règne l'Afrique des guerriers, dont les peuples chameliers, qui comptaient hier sur les raids pour prélever la nourriture et les esclaves, se sont sentis oubliés au moment des indépendances. La zone de contact entre l'Afrique des cultivateurs et celle des éleveurs a toujours été, on le comprend aisément, un lieu de frictions : le bétail est accusé de piétiner les cultures, les cultures d'occuper les terres au détriment des pâturages. À l'est, dans l'Afrique des hautes terres où paludisme et la maladie du sommeil ne sévissent pas, existent au contraire des systèmes associant polycultures et élevage qui pratiquent une agriculture de bocage très minutieuse, ce qui autorise des densités de population beaucoup plus élevées…

Faim de terre, pénuries et gaspillage

Là encore, l'Afrique est confrontée à un paradoxe bien intrigant : bien que le continent dispose d'immenses réserves foncières, la « faim de terres » conduit des peuples privés de leurs anciens vases d'expansion à s'affronter férocement pour le contrôle des champs et des pâturages. Parce que l'absence de modernisation agraire a maintenu les campagnes dans l'extensif, contrairement à ce qui s'est passé en Occident : pour répondre à une demande alimentaire croissante, les paysans africains ont conquis de nouvelles terres sans changer leurs méthodes de production. Non pas faute de compétence, mais parce que le défrichement et l'ouverture de nouveaux fronts pionniers fondent la possession (temporaire) de la terre. Et puis faute de soutien financier, de filière, d'aide et de priorités politiques : si l'Europe affamée de l'après-guerre est devenue une grande puissance agricole dans les années 1960, c'est grâce à la Politique agricole commune. La France notamment a passé un véritable pacte avec ses paysans : produisez, libérez-nous de notre dépendance alimentaire, et nous vous soutiendrons. Aujourd'hui, ce pacte est remis en question : les citadins ont oublié la peur de manquer, ils ne se souviennent plus du temps de l'orange comme cadeau de Noël et des tickets de rationnement du pain, et ils accusent les paysans de « trop » produire. Qu'ils fassent un petit tour en Afrique, et ils comprendront comme la situation tourne vite au tragique quand les paysans ne sont pas l'objet de toutes les attentions…

Au Maghreb, 2 % seulement de la population mondiale achète 20 % des exportations alimentaires mondiales ! Et ce pourcentage ne cesse de croître car la région, autrefois véritable grenier à blé, est aujourd'hui lourdement déficitaire. Un quart du budget de l'Égypte est affecté aux subventions en faveur des produits de première nécessité et à l'énergie, de façon à maintenir leur prix accessible au plus grand nombre ! Pendant le ramadan, les importations alimentaires connaissent dans les pays musulmans un pic qui s'apparente aux fêtes de Noël en Occident : plus on jeûne pendant la journée, plus on mange le soir, et la consommation connaît une augmentation de moitié à peu près, qu'il s'agisse du riz au Sénégal, du mil au Burkina et au Tchad, du sucre au Mali, qui font l'objet d'importations massives. Les commerçants spéculent sur le prix des denrées et les urgences des hôpitaux se remplissent à la tombée de la nuit d'accidentés de la route, trop pressés de rentrer chez eux pour briser le jeûne, comme de malades empoisonnés par de la nourriture frelatée. Le gaspillage de nourriture est effarant dans des pays où sévit par ailleurs la malnutrition quotidienne des pauvres. En Algérie, plus de 20 millions de baguettes de pain finissent à la décharge !

Pourquoi l'Afrique dépense-t-elle tant (35 milliards de dollars) pour acheter à l'extérieur ce qu'elle pourrait parfaitement produire elle-même, puisque d'autres opérateurs viennent s'installer sur le continent pour le faire ?

Les raisons en sont climatiques certes, mais surtout politiques.

Raisons climatiques : la raréfaction des précipitations à partir du début des années 1970, qui a fait redescendre vers le sud les éleveurs, et le changement climatique, associés à une forte croissance démographique, ont fortement dégradé les systèmes agricoles traditionnels. Les ruraux sont trop nombreux, désormais, pour pratiquer de longues jachères et beaucoup de terroirs, trop sollicités, perdent leur fertilité et sont ravagés par l'érosion. Et puis, les élites urbaines se sont souvent acheté de grands troupeaux bovins, confiés à des bergers. Le bœuf est un portemonnaie sur pattes dans des pays où on ne fait pas confiance aux banques : il témoigne de votre surface sociale, de votre pouvoir.

Les troupeaux s'agglutinent autour des points d'eau, empiètent sur les cultures, conduisant à des tensions avec les cultivateurs, sur lesquelles se greffent d'autres tensions, religieuses (chrétiens/musulmans), ethniques (peau sombre/peau claire), politiques (ceux qui sont du bon côté, celui du pouvoir en place, et les autres, les minorités méprisées et négligées).

Mais ces raisons climatiques ont bon dos : certes il existe une corrélation entre la faim et l'aridité, mais la malnutrition sévit plus lourdement encore en République démocratique du Congo, qui est pourtant un des pays les plus arrosés de la planète. La véritable raison est politique. Pendant les années fastes de bonne pluviosité et de bonnes récoltes (Jacques Diouf, l'ancien directeur général de la FAO, avait coutume de dire qu'en Afrique, le meilleur ministre de l'agriculture, c'était la pluie), les pouvoirs africains ont largement exploité les paysans pour construire les villes, l'appareil d'État, les armées. Aujourd'hui les pluies manquent. Les campagnes sont trop peuplées. Continuer à cultiver à la houe est tout bonnement voué à l'échec pour nourrir les familles et les villes. Alors on voit des paysans, poussés par la coopération internationale, les agences d'aide, les ONG (tout le monde est persuadé de détenir la solution), s'échiner à planter des arbres, à expérimenter de nouvelles cultures, à creuser des mares et à construire de petits barrages, mais la violence du climat, l'incompétence de ces experts étrangers à « grande bouche et petite oreille » et le manque de filières de commercialisation aboutissent toujours aux mêmes résultats : beaucoup de travail pour peu de réussite, des communautés agricoles découragées, un cimetière de puits, de barrages, de plantations avortés. Malfaçons, manque d'entretien, localisations hasardeuses, idées prétendument géniales de l'aide (nouvelles cultures, nouvelles techniques, expérimentations qui recueillent les louanges des médias et ne durent que le temps de financement du projet…) font de l'agriculture africaine un enfer pavé de bonnes intentions.

Trois régimes fonciers qui s'opposent

Les chefs d'État continuent imperturbablement d'annoncer de mirifiques programmes, de donner des dates butoir au-delà desquelles ils seront (re)devenus les rois du monde. Comme leurs grands projets finissent par s'enliser dans les sables de la bureaucratie, de la corruption ou simplement de l'erreur de conception, ils accusent les paysans d'être paresseux et incapables et se tournent vers d'autres, à l'image de l'ancien président du Sénégal qui comptait sur les Indiens pour développer l'agriculture de son pays. Confier la modernisation rurale à des sociétés étrangères, à qui sont louées d'immenses superficies de terres, à Madagascar, au Mozambique, au Soudan, en Éthiopie, en République démocratique du Congo, principaux pays concernés par ce qu'on appelle la « ruée sur les terres[2] », n'est que la continuation d'un long processus de défiance des élites urbaines à l'égard de leurs masses rurales. Les chefs d'État préfèrent dérouler le tapis rouge à ces investisseurs extérieurs, en leur consentant des loyers dérisoires sur une période très longue et en les dispensant de taxes, plutôt que de s'atteler une fois de plus au difficile processus de la modernisation agraire.

Comment ces pratiques sont-elles possibles ? Parce que la terre en Afrique peut aisément être confisquée aux paysans par l'État dans la mesure où elle lui appartient. Il existe en effet en Afrique trois régimes fonciers, qui se superposent et se contrarient. Dans le régime traditionnel, la terre est propriété collective exploitée par les communautés rurales, dont le chef de terre alloue à chacun un droit d'usage, sur une parcelle qui revient dans le lot commun une fois le temps de culture terminé. Aux indépendances, la terre est devenue propriété de l'État, qui en délègue l'usage à ces communautés. Mais l'État en use donc à sa guise, sauf là où des cultures arbustives anciennes (plantations de café, d'hévéa, de cacao, de palmiers à huile, etc.), en immobilisant la

2- Voir carte page suivante.

La ruée sur les terres

Achats de terres en Afrique, 2000-2013

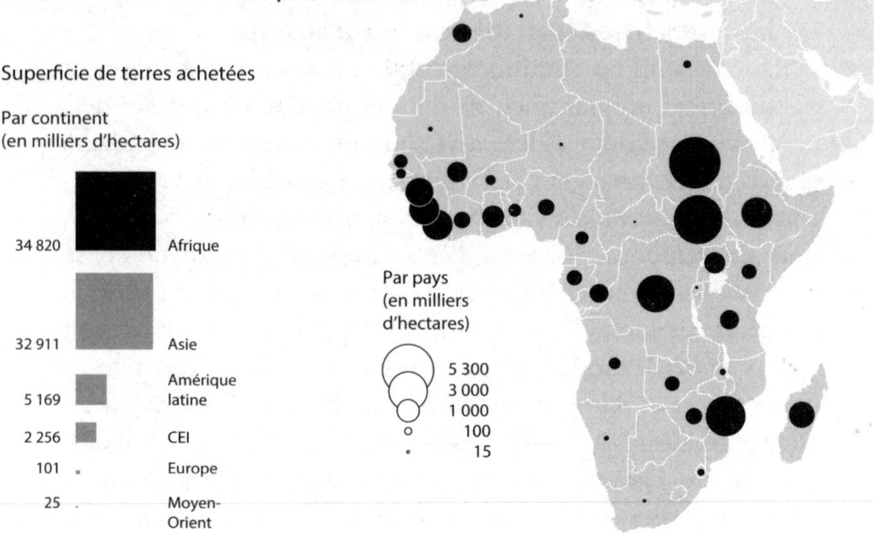

Acheteurs : superficie de terres achetées

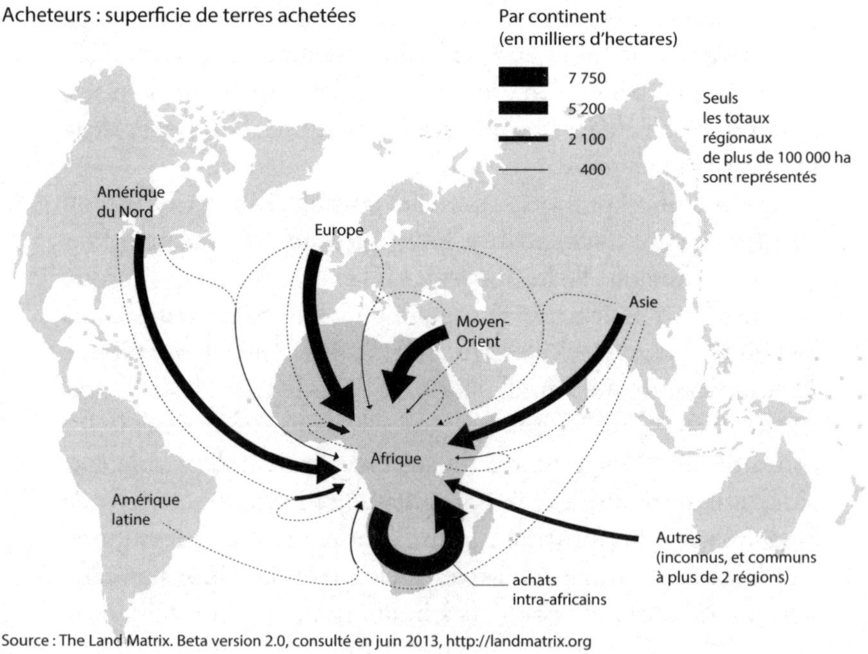

Source : The Land Matrix. Beta version 2.0, consulté en juin 2013, http://landmatrix.org

Sciences Po - Atelier de cartographie pour le Sénat, 2013

Document extrait de J. Lorgeoux, J.-M. Bockel (dir., *op. cit.*)

terre pour de longues périodes, ont permis au système de droit romain de s'imposer : les Européens ont introduit en Afrique la propriété privée de la terre et se sont approprié de grands domaines, particulièrement en Afrique australe et orientale, et sur la côte d'Afrique de l'Ouest, qui ont pu être mécanisés et modernisés. Aujourd'hui, l'État peut donc concéder comme il l'entend à des sociétés étrangères d'immenses territoires qui lui appartiennent sur le papier, sinon qu'ils sont en réalité exploités par des communautés paysannes. Pour ces dernières, la terre n'est pas un bien matériel au sens où nous l'entendons en Occident, mais le lieu sacré où se rencontrent le visible et l'invisible, un bien inaliénable, auquel le défrichement et la mise en valeur, autorisés par le chef de la terre, confèrent un droit d'usage temporaire et révocable. Il existe des forêts sacrées, des lieux magiques, interdits, des rituels de fertilité et des danses de la pluie. L'État arrive avec ses gros sabots sur ce cadastre mental extrêmement fin et puissant (là où vous voyez une brousse sauvage, le paysan sait lui de quelle jachère il s'agit et quelle famille l'exploite), il envoie l'armée, les bulldozers, les ingénieurs, les nouveaux propriétaires étrangers abattre les bois, ouvrir des routes, creuser des réservoirs, bref moderniser, techniciser. Mais, contrairement à ce qui s'est passé en Europe, il le fait généralement sans s'appuyer sur des coopératives paysannes, des syndicats, des groupements de producteurs. Pour les populations africaines, cette mainmise se traduit donc souvent par une dépossession.

Pas de cadastre, des formes lâches d'occupation du sol, un État tout-puissant et bien souvent indifférent au sort de ses paysans, les communautés rurales sont donc pour l'instant les grandes perdantes du « décollage » agricole africain… ou de ce qui est présenté comme tel. Mais aujourd'hui les grandes ONG internationales, relayées par des médias et des ONG africaines, veillent. Des groupements paysans se sont constitués. L'ancien chef d'État malgache a ainsi perdu le pouvoir après avoir voulu concéder à la société coréenne Daewoo une immense portion de territoire : la moitié des terres cultivables du pays ! Veiller à ce que la modernisation agraire ne se fasse pas au détriment de ceux qui cultivent la terre est d'autant plus essentiel que les denrées produites dans le cadre de ces grandes fermes étrangères sont rarement destinées, faute de marché intérieur, à la production nationale, mais exportées dans leur quasi-totalité, qu'il s'agisse d'agrocarburants comme le jatropha, des fleurs coupées contrôlées par les Indiens en Éthiopie, ou de cultures alimentaires comme le riz ou le maïs.

Pourtant, bien menée, avec des chartes éthiques et des codes de conduite respectés, des garanties données aux communautés rurales, ces concessions agricoles pourraient aussi représenter des opportunités car elles apportent les capitaux et les investissements qui manquent aux campagnes africaines et leur permettent de passer de systèmes extensifs à un intensif intelligent, avec le développement de l'agro-écologie, une rémunération équitable, l'essor de l'emploi et des opportunités de transformation sur place. Voilà pourquoi il ne faut pas condamner d'emblée les processus de location longue durée des terres, mais examiner au cas par cas comment les négociations sont menées, quels sont les termes du contrat et les garanties données aux groupements locaux. Car la question de l'investissement agricole dans les campagnes reste entière.

Investir dans les campagnes

Malabo, Guinée équatoriale, juin 2014. Les chefs d'État et de gouvernement africains des 54 pays de l'Union africaine se réunissent pour faire le bilan de leurs politiques de sécurité alimentaire. Dix ans auparavant, à Maputo en 2003, ils s'étaient engagés à consacrer au moins 10 % de leur budget à l'agriculture, un secteur qui emploie toujours deux tiers de la population du continent, même s'il assure moins du cinquième du PIB. À l'image de l'Onu qui en a fait l'« année de l'agriculture familiale », 2014 est sur le continent l'« année de l'agriculture et de la sécurité alimentaire en Afrique » : permettre aux paysans de se nourrir et de nourrir leurs concitoyens est en effet le meilleur moyen de développer durablement un pays. La faim se nourrit de l'insécurité et l'entretient. À Maputo, les chefs d'État avaient décidé de faire croître de 6 % par an leur secteur agricole, laminé par les politiques post-indépendance, tournées vers les villes et vers l'industrie, puis par deux décennies d'ajustement structurel et les troubles de la décennie du chaos. La situation reste sombre : 250 millions de personnes, soit un quart de la population africaine, continue de souffrir de la faim. Les importations alimentaires ne cessent de croître.

Les pays qui ont respecté l'engagement de Maputo
(part du budget public consacré à l'agriculture)

	2008	2009	2010
Burkina Faso	15,8	8,7	10,8
Burundi	5,8	7,7	10,3
Congo	7,4	10,1	13,7
Éthiopie	18,9	17,6	21,2
Malawi	22,4	23,2	28,9
Mali	12,7	10,2	11,1
Niger	18,9	13,9	12,7
Sénégal	13,9	13,9	13,9
Zambie	12,5	9,3	10,2

En réalité, le bilan de Maputo est désastreux. Comme presque toujours, la rhétorique a remplacé l'action. Moins de 10 pays sur 54 ont respecté l'objectif. Ce sont précisément ceux qui étaient les plus menacés par l'insécurité alimentaire, au Sahel (Sénégal, Burkina, Mali, Niger), en Afrique orientale (Burundi, Éthiopie) et australe (Malawi, Zambie). Les autres, et particulièrement les pays littoraux, ont oublié à quel point l'agriculture demeurait pour eux un secteur clé. Le géant nigérien lui consacre moins de 2 % de son budget ! La manne pétrolière permettrait pourtant largement de le financer, mais c'est précisément l'inverse qui se passe : l'argent du pétrole suscite des importations alimentaires massives.

L'Afrique reste plus que jamais vulnérable aux crises climatiques et aux troubles politiques. Durant l'été 2014, les ONG sonnent l'alarme : la faim aiguë sévit au Niger, en Somalie, en Centrafrique, au Soudan du Sud, en République démocratique du Congo. Bien que le continent consacre près de la moitié de l'aide qu'il reçoit à acheter de la nourriture, des millions de ruraux continuent de vivre dans l'insécurité climatique, économique, politique. Au bruit de fond chronique de la malnutrition, liée à la pauvreté et au sous-développement, se greffent de redoutables famines, presque toujours liées à des troubles politiques. Sur les 33 pays qui, dans le monde, nécessitent une assistance alimentaire régulière, 26 se trouvent en Afrique. Près de la moitié des pays du continent sont toujours du ressort de l'aide humanitaire, de la charité institutionnalisée !

Des famines exposées

À intervalles réguliers, la sécheresse décime les populations les plus vulnérables de la corne de l'Afrique, celles qui vivent d'une économie pastorale ou d'une agriculture d'autosubsistance et ont le tort de faire partie d'un clan dominé ou d'une minorité ethnique déconsidérée et périphérique, comme les peuples Somali dans le nord-est du Kenya et l'Ogaden éthiopien. Agir à temps permettrait d'acheminer les secours qui enrayeraient la famine. Mais les populations ne sont pas forcément accessibles :

au Soudan du Sud en guerre, en Centrafrique minée par la guerre civile, dans l'est de la République démocratique du Congo, en Somalie, on peut lentement mourir de faim dans l'indifférence générale, sans avoir la possibilité de migrer pour gagner des régions plus sûres, des villes, des centres d'aide. Et dans les pays en paix, l'alerte n'est pas toujours donnée à temps, par indifférence des gouvernements à l'égard de ceux qui sont toujours des citoyens de seconde zone, par incurie politique, parce que les commerçants préfèrent retenir les grains pour que les prix montent encore, spéculant sur la faim de leurs concitoyens, parce que la faim survient généralement dans des régions oubliées, négligées, périphériques.

Il existe une autre raison, plus cynique : exposer une famine est toujours plus rentable que la prévenir. Traumatisée par la vision terrible des enfants réduits à l'état de petits squelettes, la communauté internationale donne sans compter. Les appels tardifs à l'aide des gouvernements leur permettent d'obtenir des aides d'un montant sans commune mesure avec les actions de prévention. En situation d'urgence, les ONG peuvent collecter des fonds auprès de leurs donateurs, en trouver de nouveaux. Les médias tiennent le sujet qui émeut l'opinion publique et pulvérise le fameux kilomètre sentimental, qui fait qu'un drame doit être proche pour émouvoir.

Lorsque la famine n'est pas encore installée, la communauté internationale tarde à se mobiliser tant elle est lassée par la certitude qu'une large partie de l'aide sera détournée et alimentera la corruption. Elle sait déjà que les responsables de la faim s'engraisseront au passage, imposant des taxes aux importations d'aide alimentaire et prélevant leur dîme, au point de ne laisser aux affamés qu'une portion congrue. La famine est un tamis qui sélectionne les citoyens de seconde zone : la quantité de nourriture à laquelle un individu a accès dépend de son statut social. La sécheresse fonctionne ainsi comme un révélateur des dysfonctionnements politiques : en Somalie, le sud du pays est tenu par des milices islamiques, les shebabs, peu soucieuses de laisser entrer l'aide humanitaire, et avec elle, les ONG occidentales et chrétiennes, même si servir d'interlocuteur officiel aux agences d'aide est la meilleure voie pour légitimer son pouvoir et acquérir non seulement des moyens logistiques et financiers, mais de la visibilité. Au Kenya et en Éthiopie, les pénuries alimentaires des régions périphériques qui s'annoncent pourtant de longs mois à l'avance ne suscitent pas toujours la réaction nécessaire. Pourtant, c'est quand les familles commencent à décapitaliser, à vendre leur bétail, à consommer leurs semences, quand les hommes partent à la recherche de revenus de substitution et de chantiers de travail, quand les prix commencent à flamber, qu'il faudrait intervenir, avant que la faim commence à tuer les enfants. Enrayer une famine est facile à partir du moment où on peut agir. Il faut lâcher de la nourriture sur les marchés pour faire baisser les prix, effectuer des distributions de nourriture aux plus vulnérables, prendre en charge les enfants dans des centres nutritionnels ou remettre aux familles des aliments thérapeutiques à leur intention.

Si la famine ne frappe plus comme par le passé les pays du Sahel ou de l'Afrique australe, c'est parce que les États de ces pays ont su mettre en place des stratégies de prévention des crises alimentaires. Le Comité inter-États de lutte contre la sécheresse au Sahel (CILSS) a créé des dispositifs d'alerte efficaces. Guetter la détérioration de la situation, constituer des stocks de sécurité pour les lâcher sur les marchés quand le prix de la nourriture commence à flamber, c'est éviter la faim.

Problème : un drame évité n'en est plus un, et il y a, hélas, une prime à l'urgence. Plus un pays réagit tard, plus la situation se dégrade, plus il peut exposer sur les écrans du monde entier de petits squelettes affamés qui déclencheront la compassion. Il suffit d'accuser le climat ou le surpeuplement, et le tour est joué, alors qu'il n'y a en réalité aucune corrélation entre densité de population et faim, et que le climat n'engendre la faim que lorsque les hommes acceptent d'en subir les effets, au lieu de mettre en place des politiques d'irrigation et de prévention. Un paysan qui irrigue ne meurt jamais de faim. Mais seules 5 % des terres cultivées sont irriguées sur le continent, contre 18 % de moyenne mondiale, 18 % qui fournissent 40 % de la production alimentaire de l'humanité… Pour un gouvernement ou une rébellion cynique, qui ne craint pas d'instrumentaliser sa population au service de ses seuls intérêts, l'urgence est toujours profitable : l'aide reçue alors est massive, souvent désordonnée parce que précipitamment livrée, ce qui limite les possibilités de contrôle étranger. Elle assure au pays bénéficiaire un matelas de sécurité pendant plusieurs mois. Et, comble de l'ironie, permet aux structures politiques qui portent la responsabilité de la faim de renforcer leur pouvoir auprès des affamés, puisqu'en distribuant les secours, elles apparaissent comme leur grand bienfaiteur !

Les grands engagements solennels lors des grands sommets internationaux sont rarement suivis d'effet car les paysans sont pauvres, ils ont peu de pouvoir, contrairement aux fonctionnaires, aux militaires et aux étudiants. Contrairement aux consommateurs urbains aussi, qui peuvent descendre dans la rue, provoquer des émeutes et renverser les régimes. Si la famine se nourrissait de mots, les Africains seraient tous obèses.

Alors on importe de la nourriture subventionnée pour nourrir les villes à bas prix et percevoir des taxes d'importation, quitte à ruiner un peu plus l'agriculture locale. Et les paysans endettés et appauvris quittent leurs campagnes pour venir grossir les villes, cercle vicieux qui conduit les observateurs à invoquer la pauvreté africaine, alors qu'il ne s'agit que de négligence et d'indifférence, de politique du court terme au lieu de stratégies durables.

Un énorme potentiel d'accroissement de la production

96 % des paysans africains au sud du Sahara cultivent moins de 5 hectares. Comment bâtir des exploitations agricoles compétitives dans de telles conditions ? La situation des paysans peine à s'améliorer car pour investir sur sa terre, il faut la posséder, ou au moins être assuré d'une stabilité de longue durée. Or, la terre, propriété de l'État qui la concède aux communautés paysannes, obéit à la règle du droit d'usage : celui qui la met en valeur en détient un usufruit temporaire, mais la jachère la renvoie à la tenure collective de la communauté paysanne. Le refus de l'individualisme et plus globalement l'insécurité foncière compliquent tous les processus de modernisation : le paysan a absolument besoin d'être sécurisé sur sa terre. Ne pas avoir la certitude qu'il va la conserver l'empêche d'investir, de planter des arbres, de construire des fossés et des diguettes pour retenir l'eau, de forer des puits, de bâtir des clôtures pour éviter les dégâts causés par la divagation des animaux, sauvages ou domestiques. Mais ceux qui cultivent la terre en Afrique, en dehors des plantations et de certains pays de cultures arbustives où le cadastre est plus avancé, ne disposent que d'un droit temporaire. Elle retourne à peine récoltée à la communauté. Et les jeunes comme les femmes ont beaucoup de mal à y avoir accès. Le problème n'est pas simple à résoudre : là où la propriété existe, les inégalités foncières introduisent des tensions agraires, des jalousies, une crispation sur l'autochtonie. Des réformes agraires brutales aussi, comme au Zimbabwe.

Développer l'agriculture africaine passe par le renforcement, voire la création de filières efficaces de production, de transformation et de commercialisation des produits agricoles. Aucun producteur ne peut produire dans l'incertitude : il a besoin de semences certifiées qui garantissent des rendements plus élevés à l'hectare, de machines performantes qui limitent la pénibilité du travail et la faible productivité des outils traditionnels, d'irrigation si les pluies sont erratiques, notamment pour ne pas perdre ses semis, d'intrants tels que des engrais et des produits de traitement des plantes contre les ravageurs, ces fameux « cides » qui font peur aux citadins des pays riches, mais que le paysan africain appelle de ses vœux tant les ravageurs causent des dégâts dans ses champs. Il a enfin besoin de prix d'achat rémunérateurs et garantis, qui le prémunissent contre la fluctuation des cours.

Le meilleur moyen est de valoriser sur place la production grâce à des industries agro-alimentaires performantes. Beaucoup de pays s'emploient aujourd'hui à développer leurs industries de transformation. Beaucoup avaient été créées dès les années 1970 dans le cadre du grand mouvement d'industrialisation par import-substitution qui a caractérisé la post-indépendance africaine, mais elles ont été démantelées ou privatisées au moment de la crise de la dette, exposant les paysans au bon vouloir des intermédiaires. Premier producteur et exportateur mondial de fèves de cacao avec 1,5 million de tonnes par an (40 % du marché mondial), la Côte d'Ivoire s'est ainsi fixé l'objectif de transformer sur place à brève échéance 75 % du cacao récolté, contre moins de 10 % aujourd'hui. Le même engagement a été pris pour les noix de cajou, dont elle est le deuxième producteur mondial (450 000 tonnes de noix brutes d'anacarde par an). Le Singapourien Olam, omniprésent en Afrique, a ainsi construit à Bouaké la plus grande usine de transformation du continent. L'agro-industrie est considérée comme un secteur prioritaire dans ce pays, dont l'ancien président, Félix Houphouët-Boigny, aimait à se présenter comme planteur. L'agriculture fait toujours vivre deux tiers des ménages, contribuant au tiers du PIB !

La Côte d'Ivoire semble sur la bonne voie : la part des produits transformés dans les exportations agricoles, qui n'était que de 28 % en 1995, est passée à 36 % en 2008, l'objectif étant d'atteindre 50 % d'ici 2020. C'est déjà le cas de ce produit phare pour l'économie et la société d'Afrique de l'Ouest qu'est l'huile de palme, pourtant injustement accusée de tous les maux en Occident : cinquième producteur mondial, la Côte d'Ivoire transforme sur place la quasi-totalité de sa production et en exporte une grande partie dans la sous-région, qui compte 300 millions de consommateurs.

Une immense demande paysanne

Les pays qui ont su répondre à cette attente ont vu leur production agricole décoller, comme le Malawi, pourtant un des pays les plus pauvres et les plus agricoles du continent (85 % de la population dans l'agriculture !) qui est passé en quelques années d'importateur structurel de nourriture à pays excédentaire. La révolution agricole malawite s'est fondée sur le maïs blanc, omniprésent dans les paysages et les foyers du pays. « Chimanga ndi moyo », le maïs, c'est la vie, proclament les Malawites, qui ont inscrit la céréale miracle sur leurs billets de banque et sur le logo du principal mouvement politique, le Parti progressiste démocratique. En distribuant des semences et des engrais aux paysans et en garantissant le prix d'achat de leurs récoltes, le Malawi a suscité un très rapide boom de la production agricole. Il suffit de très peu d'années pour changer la face d'un pays, créer de la richesse en milieu rural, mettre fin à l'exode rural massif, aux cultures illicites, aux crises alimentaires. Mais il faut de la volonté, l'appui de la communauté internationale, un véritable respect à l'égard des paysans.

Il serait erroné de croire que les foyers ruraux vivent juste de leur production familiale. Les études de l'AFD montrent la monétarisation croissante des campagnes, y compris pour l'alimentation. Rares sont désormais les foyers qui vivent en autoconsommation de leur production vivrière : même la plus modeste famille rurale a des besoins monétaires, ce qui invalide le discours visant à renvoyer les paysans aux cultures vivrières.

Qu'il s'agisse de scolariser les enfants, de payer les recharges du téléphone, le groupe électrogène ou l'accès Internet dans un cybercafé, de se faire soigner ou d'acquérir un moyen de locomotion, le paysan aujourd'hui a toujours besoin de cash. Hier, il se finançait par les tontines, ces systèmes de caisse collective, très anciens en Afrique, où chacun contribue à un pot commun dont le contenu est affecté à tour de tôle à l'un des participants, le plus souvent pour lui permettre d'assumer des dépenses de nature sociale : mariage, funérailles, cérémonies de passage à l'âge adulte – circoncision des jeunes garçons par exemple. Aujourd'hui, la microfinance a envahi l'espace populaire. Mais le besoin reste le même : disposer d'argent, à tout prix.

On pourrait résumer la situation en disant que la faim en Afrique disparaîtra à jamais quand les 5 P seront réunis :
– *la Paix*, car on meurt de faim là où les troubles politiques détruisent les récoltes et empêchent de cultiver les champs ;
– *la Pluie*, ou l'irrigation si la pluie est irrégulière ou insuffisante, ce que l'on peut résumer par *les Puits* : l'Afrique a, plus encore que les autres continents, besoin d'anticiper le changement climatique, qui la touche de façon plus violente qu'ailleurs en raison de la vulnérabilité de ses populations aux aléas naturels. L'urgence est de bâtir des systèmes agricoles résilients, qui associent soutiens aux agricultures familiales et grands projets agroécologiques, comme la Barrière verte, cette immense plantation d'arbres au Sahel ;
– *les Prix* car seule une rémunération décente, procurée dans le cadre d'une coopérative, d'un groupement de producteurs ou par contrat auprès d'une entreprise de transformation, peut inciter le paysan à produire plus ;
– *de bonnes Politiques*, qui sachent inciter à produire dans les campagnes tout en permettant de vendre à prix accessibles dans les villes, ce qui passe par des efforts de productivité et un véritable soutien aux productions nationales ;

– *la Propriété* enfin : tant que le paysan n'a aucune garantie sur sa terre, comment pourrait-il investir ?

Un sixième P est sans doute nécessaire : *la Protection* des productions locales contre la concurrence déloyale des exportations subventionnées du Nord. L'OMC admet cette possibilité dans le domaine agricole car on ne peut mettre en contact le pot de fer – les immenses exploitations mécanisées de la Beauce, de la Brie, du Middle West américain, de la pampa argentine ou du Mato grosso brésilien – avec le pot de terre – les villages africains où l'outillage reste à taille humaine et les rendements si faibles : une famille produit 5 tonnes de céréales dans le Sahel en un an (5 hectares défrichés manuellement à 1 tonne à l'hectare) quand un agriculteur du nord en produit à lui seul 2000 tonnes (200 hectares à 10 tonnes à l'hectare) !

Le paysan africain qui s'enrichit devient un citoyen et un consommateur dans son pays, qui fournit des débouchés aux entreprises locales, n'a plus envie de migrer ni de faire la révolution. Pour sauver l'Afrique, il faut miser sur ses paysans.

L'arc de crise sahélien et ses dangers

Espace déclassé et oublié, angle mort de la mondialisation, le Sahara est devenu un foyer de revendications et l'épicentre de rébellions dont les prolongements irradient dans toute la moitié nord du continent, menaçant l'émergence africaine.

Au cœur du continent africain, s'étend le plus grand désert du monde, le Sahara. Il ne fut pas toujours aride, comme l'attestent les nombreuses gravures rupestres de ses bastions montagneux : Adrar mauritanien, Tassili et Hoggar algériens, Adrar des Ifoghas malien, Aïr nigérien, Tibesti libyen ou Ennedi tchadien, qui, avec leurs girafes, leurs antilopes, leurs éléphants, témoignent d'une savane arborée caractéristique d'un milieu tropical humide. Celui-ci régna sur le Sahara de -6000 à -2000 avant Jésus-Christ. La présence de coquillages, de céramiques et de nombreuses représentations de chars attestent du dynamisme d'un peuplement ancien d'agriculteurs sédentaires. Mais un assèchement progressif repoussa progressivement ces civilisations agrestes sur les lisières : sous l'influence du changement climatique, les hommes durent modifier leurs modes de vie et devinrent progressivement nomades. Les massifs montagneux continuaient de leur servir de châteaux d'eau et de zones refuges.

Aujourd'hui, le Sahara occupe 9 millions de km^2, soit près du tiers du continent africain (30 millions de km^2). Malgré l'hostilité apparente de son milieu, il n'a jamais été vide d'hommes, constituant plus un trait d'union qu'un obstacle : des pistes chamelières sillonnent depuis deux millénaires l'espace transsaharien, reliant les pays d'Afrique du nord au Sahel. Les voyageurs pouvaient compter sur une oasis palmeraie tous les quarante kilomètres environ, où les grandes caravanes marchandes faisaient halte pour se restaurer et abreuver les chameaux.

Le cœur battant de la mondialisation médiévale

À la soif de l'or et d'épices en provenance du Soudan (le pays des Noirs) qui caractérise l'Afrique du Nord, répondait la faim de sel et de viande des pays du Sahel (le rivage), territoire balisé de villes marchandes extrêmement prospères. Or jaune contre or blanc, mais aussi or noir des esclaves, la traite arabe ayant commencé bien avant la traite atlantique, le cœur battant de la mondialisation médiévale ne se situait donc pas sur les littoraux maritimes comme aujourd'hui, depuis que la colonisation a inversé les anciens courants d'échange, mais dans cet espace alors stratégique qui mettait en contact le pays des Arabes et le pays des Noirs, deux civilisations qui commerçaient activement à travers le Sahara.

Leur interface, c'était les grandes villes marchandes de la lisière du désert : les villes bibliothèques de Mauritanie, Ouadane, Chinguetti, Tichit, Oualata, celles du Mali, Djenné, Gao, Tombouctou, Ségou ou Mopti, cette Venise des sables où les Touaregs continuent de livrer leurs plaques de sel, emportées par les pinasses sur le fleuve Niger. Ces cités prospères étaient les sièges des empires, les étapes des caravansérails, des pôles de commerce actifs et brillants qu'on a du mal à se représenter aujourd'hui lorsqu'on voit ces villes surpeuplées, si ternes, si poussiéreuses, ensevelies sous le sable du désert et les ordures des bidonvilles, en proie à l'insécurité et à la violence, leur inestimable patrimoine détruit peu à peu par l'ignorance et le manque de moyens, voire l'intégrisme : la destruction des tombeaux des Saints à Tombouctou par Aqmi (Al Qaida au Maghreb Islamique) en 2013 est une perte inestimable, comme celle, en

2001, des Bouddhas de Bâmiyân par les Talibans en Afghanistan.

Les plus anciennes dynasties tentent aujourd'hui de préserver leurs fragiles vestiges, tels ces manuscrits cachés dans le secret des demeures ou transportés à Bamako quand la guerre a éclaté. 7 000 livres précieux, qui relatent l'histoire de la conquête de l'islam et la gloire des empires, le Ghana entre le VIIe et le XIIe siècle, le Sosso au Xe siècle, le Mali aux XIIIe siècle et XIVe siècles, le Songhaï du XVe au XVIe siècle. En écrivant que l'Afrique était un continent sans écriture, les colonisateurs firent preuve de leur ignorance à l'égard de ces royaumes qu'il fallait dévaloriser pour les soumettre avec moins de scrupules encore.

Il faut pourtant, pour se faire une idée de leur magnificence passée, lire Ibn Batouta, le grand voyageur marocain. Né à Tanger en 1304, il achète ses chameaux en 1352 à Sijilmasa, grande cité au pied de l'Atlas, aujourd'hui réduite à l'état de vestige archéologique, pour se rendre dans l'Aïr d'abord, où il découvre les mines de cuivre, puis relier Gao, Tombouctou et les mines d'or du Soudan, avant de retourner chez lui après un périple d'un an et d'écrire ses souvenirs, décrivant avec émerveillement la minutie des systèmes d'irrigation ou le degré d'émancipation des femmes. Beaucoup des villes que Ibn Batuta a visitées ont aujourd'hui disparu, englouties par les sables, telles Tegdaoust en Mauritanie.

Le Sahel est donc pendant treize siècles, jusqu'à la conquête européenne, un très important espace d'échanges uni autour de l'islam, dont François-Xavier Fauvelle-Aymar écrit dans son beau *Rhinocéros d'or* qu'il a construit le Sahara. Les cavaliers musulmans ne pénètrent pas dans la zone soudanienne, les chevaux et les hommes succombant à la redoutable trypanosomiase (maladie du sommeil), mais l'islam gagne l'ensemble du Sahel, ce rivage entre le désert et la forêt devenu le pays des éleveurs nomades et des guerriers vivant de razzias. La traite des esclaves noirs par les négriers arabes, depuis le VIIe siècle, a déporté à travers le Sahara 17 millions de malheureux, originaires d'ethnies dominées du « pays des noirs », le Soudan. Capturés et asservis dans le cadre d'empires négriers, ils sont vendus aux marchands maures. Ceux qui résistent à la douleur de l'arrachement et à la traversée du désert sont dispersés dans le monde d'alors, alimentant un trafic qui explique qu'aujourd'hui encore, avoir la peau noire en Tunisie ou en Libye vous désigne comme un descendant d'esclaves, subtilement ostracisé.

Cette gigantesque barrière physique qu'est le Sahara reste aujourd'hui fatale à ceux qui s'y égarent sans en connaître la géographie des points d'eau et des oasis, qu'il s'agisse hier de Saint-Exupéry, qui, après le crash de son avion, y conçut l'idée du *Petit Prince* avant d'être sauvé d'une mort certaine par des secours providentiels, ou aujourd'hui des migrants, lâchés par leurs passeurs ou abandonnés en plein désert par les autorités militaires des pays d'Afrique du Nord, en lutte contre ce qu'ils vivent comme la menace d'une invasion et qui perçoivent d'importants financements européens pour empêcher les migrants de rejoindre l'Europe.

Modernes esclaves d'une mondialisation qui traite mieux les marchandises que les êtres humains, leurs cadavres anonymes parsèment les étendues rocailleuses (reg) ou sableuses (erg) de dérisoires virgules, sur lesquels, il y a peu, butaient avec horreur les touristes d'aventure, qu'ils soient lancés en pleine méharée automobile, ou au contraire immergés dans une retraite spirituelle faite de cheminement à pied et de méditation sous les étoiles. Mais les agences de voyage ont cessé d'envoyer leurs clients dans ce qui est devenu l'espace de tous les dangers, où la prise d'otage est désormais pour les terroristes une véritable rente de situation.

S'il était le cœur battant de la mondialisation médiévale, le Sahel est devenu l'angle mort de la globalisation actuelle, centrée sur les grandes îles de l'archipel métropolitain mondial, selon la formule d'Olivier Dollfus. Dans cette Afrique déclassée, le Sahara et le Sahel par leur enclavement subissent la double peine : éloignés des littoraux maritimes, donc des échanges et des richesses, ils sont devenus des périphéries négligées par leurs États, systématiquement délaissés dans les politiques d'aménagement et l'attribution des crédits de développement. Ces politiques discriminatoires les ont mués en espaces rebelles qui, par leur capacité de nuisance, menacent la sécurité, et même, dans certains cas comme la Somalie, le Mali, ou la Libye, la pérennité des États dont ils font partie. Le désordre engendré par leurs rébellions grignote les marges, voire le cœur des dix États sahariens et sahéliens concernés.

Pour comprendre comment cet espace – hier essentiel aujourd'hui déclassé – a pu devenir un foyer de rébellion qui menace désormais toute la sous-région et tisse ses ramifications dans le reste du monde, depuis le trafic de drogue issu de l'Amérique latine jusqu'aux foyers islamistes de l'Asie centrale, il faut en revenir à ceux que Patrice Gourdin qualifie de « maîtres déchus du Sahara central », les Touaregs.

Les Touaregs, maîtres déchus

Le Sahara, c'est le territoire des Berbères. S'ils sont reconnus en Afrique du nord, l'Afrique subsaharienne leur laisse peu de place. Pourtant, l'un de leurs principaux peuples, les Touaregs, bien que comptant moins de deux millions de personnes, occupe un espace gigantesque de 2,5 millions de km², à cheval sur l'épicentre du Sahara. Ceux qui se nomment eux-mêmes les Kel Tamasheq (ceux qui parlent le Tamasheq) sont principalement présents au Niger et surtout au Mali, où vivent respectivement la moitié et le tiers de leur nation.

Mais le berceau de leur nation se situe au Mali, dans l'Adrar des Ifoghas, qui s'étend sur 250 000 km², soit presque la moitié de la France ! Kidal en est la capitale. C'est là que réside leur chef traditionnel, l'Aménokal. Les Touaregs sont organisés en sept confédérations, dont trois se trouvent au Mali. Leur société est très divisée : les nombreuses tribus du peuple tamasheq s'affrontent régulièrement, malgré leur fonds culturel commun. Islamisés dès le XIe siècle, ils sont très majoritairement de confession sunnite, mais il existe une minorité salafiste pour laquelle le djihad est un devoir.

La première caractéristique de la culture tamasheq est la mobilité. Leur aire de nomadisme ignore les frontières et joue des complémentarités entre pâturages au fil des saisons : « cure salée » au printemps quand arrivent les premières pluies, redescente vers le sud en saison sèche ou en cas de mauvaise année, remontée vers le nord au contraire quand les pluies sont abondantes. Les conflits d'usage qui opposent les peuples pasteurs que sont les Peuls, les Touaregs, les Toubous, éleveurs nomades, aux peuples cultivateurs du sud sont innombrables et s'aggravent avec le changement climatique, qui provoque une descente des isohyètes vers le sud.

Le Sahel est ainsi, de la Mauritanie à la Somalie, la zone de contact entre deux modes d'utilisation de l'espace antagonistes : l'élevage itinérant mené par les peuples musulmans à la peau souvent claire, l'agriculture sédentaire (même si le brûlis provoque une rotation des terroirs autour du village) pratiquée par les cultivateurs à la peau noire, souvent animistes ou chrétiens. Entre les deux civilisations, l'incompréhension, la peur et les haines restent vivaces.

La seconde caractéristique de la culture tamasheq est en effet la guerre. Peuple guerrier vivant sur la traite et le commerce du sel et de la viande, les Touaregs compensaient l'hostilité de leur milieu naturel, qui leur procure peu de ressources, par les rezzous, c'est-à-dire les incursions armées dans les villages noirs, pour piller les récoltes et emporter des esclaves. Acteurs majeurs du commerce transsaharien, ils perdent peu à peu leur hégémonie à partir des grandes découvertes puis de la colonisation, qui entraînent la maritimisation des échanges. La construction des voies ferrées Dakar-Kayes-Bamako en 1904 et Lagos-Kano en 1912 achève de détourner les flux commerciaux vers les littoraux au détriment de la circulation transsaharienne, ce qui prive les Tamasheqs d'une grande partie de leurs ressources, d'autant que la traite des esclaves leur est officiellement interdite en 1915. En 1916-1917, l'administration coloniale y adjoint l'interdiction des rezzous, de l'esclavage, le contrôle des déplacements, la dislocation des Fédérations, provoquant des révoltes durement réprimées.

La colonisation européenne, qui se focalise sur les côtes, déclasse le Sahara. Les Européens tournent le dos à la « mer intérieure » des échanges intra-africains, pour reprendre l'expression de l'ethnologue Paul Pandolfi. Elle suscite aussi un renversement des pouvoirs : les Touaregs refusent la scolarisation, contrairement à leurs anciens esclaves, les Bellas et les Iklans, qui y voient un moyen d'émancipation. Dans *L'Aventure ambiguë*, le romancier sénégalais Cheikh Hamidou Kane relate les réticences des nobles face à cet enseignement, dont ils craignent qu'il ne détourne leurs enfants de leurs valeurs : « Ce qu'ils apprendront vaut-il ce qu'ils oublieront ? »

Les Indépendances portent le coup de grâce aux Touaregs. Pourtant, bien disposées à leur égard – ils se sont rangés du côté de la France pendant la guerre d'Algérie, dont les représentations et la propagande mettent en scène le mythe du « noble guerrier bleu » opposé au « fourbe arabe » –, les autorités coloniales avaient projeté de créer en 1957 une « Organisation commune des régions sahariennes » qui aurait regroupé le sud algérien, le nord du Mali, du Niger et du Tchad et permis de conserver la main mise sur les puits de pétrole et les gisements d'uranium. Mais le projet n'aboutit pas, suscitant rancœurs et révoltes chez les Touaregs, qui se sentent trahis. Les élites des jeunes nations nouvellement indépendantes n'acceptent pas le risque de voir se former à leurs frontières un immense pays enclavé où régneraient leurs anciens maîtres. L'ex-Afrique occidentale française (AOF) se scinde en huit États, généralement dirigés par des élites issues des cultivateurs noirs sédentaires, qui conservent un mauvais souvenir de l'hégémonie tamasheq. Leurs délimitations territoriales, tracées au cordeau en suivant méridiens et parallèles, découpent les aires de parcours traditionnelles. La nation touarègue se voit ainsi privée de territoire, de souveraineté et de reconnaissance juridique. Le 22 septembre 1960, Modibo Keita proclame l'indépendance de l'ex-Soudan, renommé Mali en hommage à un glorieux passé. Les jeunes Touaregs, privés d'avenir, commencent à s'exiler en Algérie et en Libye, formant la première génération de ceux qu'on appelle les Ishumars.

Les Tamashek se sentent ainsi les grands floués de l'Histoire et se battent pour voir reconnaître leurs droits, très largement bafoués. L'histoire les a fait passer de la domination sur les peuples sédentaires du Sud, faite de rezzous et d'asservissement, à une sujétion qu'ils refusent d'autant plus qu'elle s'accompagne de multiples humiliations et discriminations. Alors que la première décennie d'indépendance est marquée par une bonne pluviosité, qui provoque la remontée vers le nord des éleveurs, poussée par celle des cultivateurs, le retournement de la situation climatique à partir du début des années 1970 entraîne l'hécatombe des troupeaux, privés de nourriture et d'eau par la sécheresse, et la famine des éleveurs dans l'impossibilité de redescendre vers le sud où les agriculteurs occupent les terres.

En 1973-1974, la situation est dramatique. Mais l'aide envoyée par la communauté internationale n'arrive pas jusqu'au nord du pays : elle est bloquée dans les villes et les ports, détournée par des élites urbaines qui la redistribuent à leurs affidés. 100 000 personnes meurent. Après avoir perdu tous leurs biens, assisté à la mort de leurs troupeaux, bradé leurs chameaux, leurs bijoux et leur sabre, un processus que les ONG qualifient de

« décapitalisation », beaucoup d'éleveurs paupérisés connaissent la honte de devoir se sédentariser à la périphérie de villes qui ne veulent pas d'eux, tout en dépendant de l'aide internationale pour survivre.

Dix ans plus tard, en 1983-1984, la situation se reproduit à l'identique. Les chefs touaregs se mobilisent, exigeant que soient reconnus leurs droits. Le nord du Sahel, en lisière du Sahara, est une zone insurrectionnelle : les Touaregs qui se sentent oubliés et méprisés multiplient les révoltes (1960-1964/1990-1992/2006-2009), très vite appuyés par le colonel Kadhafi qui les arme et les soutient au nom de son combat pour l'hégémonie en Afrique. Élevés dans la culture de la reconquête, ils convoquent les grandes figures de leur glorieux passé, tous engagés dans le djihad contre l'invasion européenne au XIXe siècle, Ousmane dan Fodio, El Hadj Omar Tall, Amadou Cheikhou… Les accords de paix que signent les gouvernements avec eux, qu'il s'agisse de ceux de Tamanrasset en 1991, qui prévoyaient un statut spécial pour leur région, ou de ceux passés à Ouagadougou en 2013 par le gouvernement malien pour mettre fin à la sécession du Nord, ne sont jamais appliqués.

De l'angle mort de la mondialisation au « grand jeu »

Pour le politologue Serge Sur, le Sahara et son Sahel, qui étaient une zone de confins dans la mondialisation, tendent à devenir un « espace pivot » entre l'Ouest et l'Est, l'Atlantique et la mer Rouge, mais aussi entre le Nord et le Sud, le monde arabo-musulman et une Afrique noire où l'avancée de l'islam se heurte à la force du christianisme, sous la forme d'Églises évangéliques et de sectes millénaristes particulièrement dynamiques.

La caractéristique de l'arc de crise sahélien est de mettre en contact des foyers de conflits extrêmement différents, dont le trait commun est d'être animés par des mouvements qui, tous, se sont sentis déclassés, voire agressés par la mondialisation maritime et la suprématie de l'Occident chrétien. Cet arc de crise sahélien est ainsi devenu un espace de menaces, le nouveau sanctuaire des mouvements anti-occidentaux. Pour les États-Unis, en guerre contre le terrorisme islamiste, le Sahara est devenu en 2001 le « deuxième front » après l'Afghanistan.

Au Sahara occidental, le Front Polisario, financé et soutenu par l'Algérie, refuse la souveraineté du Maroc qui a pris possession de cet immense territoire par la « marche verte » initiée en 1975, après le départ de l'Espagne. Malgré les investissements très importants que le royaume chérifien met en œuvre dans cette terre, qu'il considère comme faisant historiquement partie de son territoire, le sentiment d'imposture ressenti par une partie de la population reste vivace, et le référendum d'autodétermination qu'elle revendique n'a encore jamais pu avoir lieu. Ce différend suscite des tensions entre le Maroc et l'Algérie, auxquelles s'ajoute une contestation sur le tracé de leur frontière orientale. La consultation des cartes officielles de chacun des deux pays est à cet égard éloquente : le Maroc proclame l'unité de son territoire en ne faisant pas apparaître la frontière du Sahara occidental, mais laisse en pointillé celle qui le sépare de son puissant voisin.

En Algérie, l'instauration du multipartisme en 1990 a fait émerger le Front islamique de Salut, créé en 1989, qui a suscité la terreur pendant les années dites de cendre, l'armée algérienne et les islamistes se livrant mutuellement à des actions de représailles contre les populations civiles. Officiellement dissous en 1992, le Fis laisse place au Groupe islamique armé (GIA). L'Occident a surtout retenu de cette période noire de guerre civile l'assassinat des moines de Tibhirine en 1996, dont la véritable responsabilité reste floue. En 1998, le GIA devient le Groupe salafiste pour la prédication et le combat, bastion pour la reconquête de l'islam salafiste, qui rejoint la mouvance Al Qaida en 2007 pour devenir Aqmi (Al Qaida au Maghreb islamique). Mais le Fis renaît aujourd'hui en Algérie à la faveur de la Conférence nationale pour la transition démocratique, initiée par le président Bouteflika après sa réélection pour un quatrième mandat en juin 2014. L'Algérie, qui vit à la fois de la rente du pétrole, de celle de la lutte contre le terrorisme et contre l'immigration des Sud-Sahariens vers l'Europe, craint le chaos suscité par les révolutions arabes dans les pays voisins, comme elle craint la contagion de la guerre en Syrie. Ressusciter le Fis, de sinistre mémoire dans l'opinion publique, c'est aussi le contrôler avec plus d'efficacité que lorsqu'il est renvoyé dans l'ombre. Le gouvernement algérien cherche à juguler l'émergence de l'islamisme radical dans toute la sous-région et les attentats terroristes son territoire.

Dans la guerre que les États-Unis mènent depuis le 11 septembre 2001 contre le terrorisme, tout pays est sommé de choisir son camp. Kadhafi avait bénéficié d'une réhabilitation pour s'être rangé aux côtés de l'Occident après, pourtant, une carrière sanglante de terroriste international, marquée notamment par l'attentat de 1989 contre le DC 10 d'UTA au-dessus du désert du Ténéré – en représailles contre le soutien apporté par la France au Tchad dans le cadre de l'opération Épervier – qui avait tué les 170 passagers de cet avion reliant Brazzaville à Paris. Peu désireux de subir le sort réservé à Saddam Hussein, Kadhafi accepte d'indemniser les familles des victimes, permettant ainsi la levée des sanctions de l'Onu en 2003. Il se mue ainsi, contre toute attente, en partenaire des Occidentaux dans leur lutte contre les « États voyous ». Mais celui qui voulait devenir le « Roi des rois » en prenant le leadership des États-Unis d'Afrique, passant progressivement du panarabisme au panafricanisme, réprime sauvagement sa population. Celle-ci, lasse de quarante et un ans de mégalomanie et d'arbitraire, se révolte au début de l'année 2011. Les États-Unis et la France, marqués par ce qu'ils perçoivent comme la grande révolution démocratique des pays arabes, lâchent alors « Kadhafou ». Assassiné dans des conditions troubles en octobre 2011, il emporte opportunément dans sa tombe les secrets des appuis dont il a bénéficié.

Mais sa mort suscite des réactions en chaîne : explosion de la Libye en trois régions hostiles les unes aux autres, Tripolitaine au nord, Fezzan au sud, Cyrénaïque à l'est, fin de l'aide apportée aux pays musulmans du Sahel, départ des migrants africains qui avaient trouvé dans cette puissance pétrolière emplois et revenus, les bloquant ainsi sur le sol africain au lieu de les jeter dans la grande traversée vers l'Europe, éparpillement enfin dans toute la sous-région des groupes armés que Kadhafi avait entraînés, financés et équipés, galvanisés par la rancœur du monde musulman contre l'exécution sommaire dont le roi des rois a été victime.

L'onde de choc du renversement de Kadhafi n'en finit plus, depuis, de déstabiliser toute la moitié nord du continent africain. Aux jeunes militants islamistes arabes d'Aqmi, se sont greffés les Touaregs en exil, ces fameux Ishumars qui rêvent de retrouver une nation. Les armes arrivent d'Afghanistan, où l'invasion américaine de décembre 2001 a réactivé les Talibans, les prêches et les financements contre les impies et les déviants de la vraie foi déferlent du Moyen-Orient, et la cocaïne en provenance des cartels d'Amérique latine se déverse en Afrique via les portes d'entrée de la Mauritanie, de la Guinée-Bissau, et de la Gambie. La porosité des frontières et les complaisances des États transforment les pistes du Sahara en véritables autoroutes de tous les trafics de la mondialisation criminelle, en direction de l'Europe. La disparition du stock d'armes que détenait la Libye de Kadhafi, dont plusieurs milliers de missiles sol-air portatifs, l'essaimage dans toute la sous-région des mercenaires qu'il avait formés font courir une menace directe à tous les États de la sous-région.

Le président du Mali, Amadou Toumani Touré, ancien militaire démocratiquement élu, qui avait su pourtant rendre le pouvoir aux civils en 1991, ne parvient pas à contrôler son territoire.

Il est renversé par un coup d'État en mars 2012. Un mois après, les Touaregs proclament l'indépendance de l'Azawad (« terre de transhumance » en tamasheq), centrée sur leur capitale, Kidal. Mais l'autorité de leur mouvement, le MNLA (Mouvement national de libération de l'Azawad), d'obédience sunnite, est contestée par des groupes plus radicaux: d'une part, les combattants de la foi d'Ansar Eddine, des salafistes rigoureux soutenus par Aqmi, qui veulent imposer la charia au nord du Mali, détruisent les tombeaux des Saints de Tombouctou, imposent le voile aux femmes et pratiquent les châtiments corporels contre ceux qui dévieraient de la vertu ; d'autre part les Arabes du Mujao (Mouvement pour l'unicité et le djihad en Afrique de l'Ouest) qui veulent mettre en place un « système théocratique anti-occidental qui verrouillerait l'espace sahélo-saharien » selon la formule du politologue Olivier Vallée. Ces mouvements se scindent eux-mêmes en sous-branches rivales, rendant la lisibilité de la rébellion de plus en plus aléatoire. Le Qatar est soupçonné d'apporter de l'aide à certains d'entre eux pour contrebalancer l'influence de l'Arabie saoudite.

Face à ces menaces, l'Occident peine depuis quinze ans à juguler le basculement du Sahara et du Sahel en un sanctuaire de la mondialisation criminelle anti-occidentale. La stratégie suivie par les Américains et les Européens est de renforcer les capacités militaires des armées africaines régulières, pour permettre aux pays de la zone d'assurer eux-mêmes la défense de leur territoire. Ils ont ainsi essayé de former et d'équiper leurs soldats dans le cadre de diverses opérations, depuis la Pan-Sahel initiative de 2002 jusqu'à l'opération Barkhane de juillet 2014, qui vise à unifier l'ensemble des opérations menées par l'armée française en Afrique, Licorne en Côte d'Ivoire, Épervier au Tchad, Serval au Mali, Sangaris en Centrafrique. Centrée sur le Tchad, Barkhane la bien nommée est une immense dune de sable dressée contre la vague terroriste qui ronge l'arc de crise interne du continent.

Contenir le terrorisme de basse intensité qui mine la moitié nord du continent

Les résultats ont été pour l'instant plus que mitigés, certains suggérant même que les armes et les conseils apportés ont d'abord permis de renforcer la marge de manœuvre des rebelles en raison de dissidences dans les armées régulières, mal contrôlées. Mais les chefs d'État savent qu'ils doivent renforcer la « Capacité africaine de réponse immédiate aux crises » (Caric) pour envoyer contenir les foyers de rébellion avant que les troubles et l'insécurité se propagent aux pays voisins.

Tout autour du foyer malien, les menaces n'ont cessé de se préciser : au nord du Nigeria, débordant sur le Cameroun et le Tchad, le mouvement Boko Haram (« l'éducation occidentale est un péché » en langue haoussa) terrorise la population et multiplie les exactions depuis cinq ans, jusqu'à l'enlèvement en mars 2014 de près de trois cents jeunes lycéennes, destinées à être converties à l'islam, mariées de force ou vendues comme esclaves. En Somalie, les tribunaux islamiques Shebabs tiennent en échec le gouvernement fragile de Mogadiscio et déstabilisent par des attentats sanglants les pays voisins perçus comme des fers de lance de l'Occident, le Kenya, accusé d'avoir envoyé des troupes contre eux en 2011, et Djibouti, point d'ancrage de bases militaires américaines en Afrique, mais aussi plate-forme d'opération de l'armée française face au golfe d'Aden.

Au sud du Tchad, pays devenu le pivot du dispositif militaire français en Afrique, l'Armée de résistance du seigneur (LRA), que l'Ouganda a réussi à chasser de son territoire, terrorise les campagnes limitrophes, enlève les enfants, empêche les récoltes depuis ses bases de Centrafrique. Le Soudan du sud a basculé dans le chaos et la famine car ses différentes ethnies se haïssent, à commencer par les deux principales : les Dinkas, ethnie du chef de l'État, Salva Kiir, et les Nuers, dont fait partie son ancien allié quand il s'agissait de combattre le Nord et désormais principal opposant, Riek Machar. Les populations civiles paient le prix des rivalités et des haines entretenues par leurs dirigeants.

L'une des principales frontières du Soudan du sud le met en contact avec une Centrafrique en proie au chaos. Au cœur de cet espace où plus un Occidental n'ose se risquer de peur d'être enlevé ou massacré, comme la jeune journaliste Camille Lepage en avril 2014, la Centrafrique se trouve pile à la jonction de l'arc de crise sahélien et de la diagonale des conflits, qui relie la Somalie à la RDC. Son risque de partition accentue la ligne de fracture qui court désormais tout le long de la moitié nord du continent africain, là où entrent en contact les mondes chrétien et musulman. La prise de pouvoir en mars 2013 par un chef de guerre soutenu par des milices musulmanes, les Selekas, alors que moins de 15 % de la population est islamisée, a provoqué en retour l'armement de jeunes chrétiens, prêts à en découdre avec ceux qu'ils considèrent comme des intrus venus du Tchad : malgré la tentative de pacification française, les anti-Balakas manient la machette avec autant de férocité que leurs adversaires, s'en prenant aux civils musulmans avec fureur. 5 000 personnes sont mortes dans les affrontements entre les Sélékas et les anti-Balakas au cours des deux dernières années, 500 000 se sont réfugiées dans les pays limitrophes, le même nombre est aujourd'hui déplacé dans son propre pays.

Des interventions armées qui échouent à juguler l'insécurité

Face à tous ces foyers de rébellion et de terrorisme, dont le trait commun est de fournir à une jeunesse en quête d'avenir un combat contre l'Occident haï, et le ciment d'une foi islamique soudée par le djihad, les interventions occidentales ne font que donner des coups de pied dans une fourmilière qui renaît inlassablement à travers de nouveaux foyers.

Pourtant, qu'il s'agisse des forces africaines, des casques bleus de l'Onu, des armées puissantes de nations telles que la France ou les États-Unis, les moyens mobilisés pour enrayer la propagation du terrorisme peuvent paraître considérables. Mais autant lors de l'opération Serval, lancée en janvier 2013 contre la rébellion du nord du Mali, que lors de l'opération Sangaris, initiée en décembre 2013 contre les exactions de la Séléka en Centrafrique, l'armée française, qui escomptait neutraliser les foyers insurrectionnels par l'effet de « sidération » suscité par une intervention massive, a été mise en échec : après un succès apparent, les soldats français se sont trouvés pris au piège dans un terrain d'opération complexe, marqué par la multiplication des escarmouches et les opérations de terreur menées par les rebelles contre les populations civiles. Après une première réaction de soulagement, celles-ci ont vu leur situation empirer et se sont mises à haïr ces armées étrangères qui, loin de leur apporter la paix attendue, n'ont fait qu'aggraver l'insécurité.

Le risque de l'enlisement sans perspective de sortie honorable menace aujourd'hui l'armée française au Mali et en Centrafrique, comme l'armée américaine s'était enlisée en Somalie après la spectaculaire intervention Restore Hope de décembre 1992, jusqu'à la débandade peu glorieuse de 1994. Autant au Mali qu'en Centrafrique, l'ampleur et la diversité des forces armées engagées sur le terrain (5 000 militaires africains de la Mission internationale de soutien à la Centrafrique sous conduite africaine (Misca), 2 000 soldats français, 800 Européens déployés en Centrafrique à l'été 2014) ne permettent pas d'enrayer la guérilla, suscitant l'inquiétude de pays qui jusque-là toléraient les tendances centrifuges de leurs périphéries, mais prennent peu à peu conscience que leur intégrité territoriale est désormais menacée par cette montée en puissance d'une insurrection qui relie aujourd'hui la rive atlantique de l'Afrique à la mer Rouge. Sept pays africains participent aujourd'hui à la Misca (Cameroun,

Guinée équatoriale, Gabon, Congo, République démocratique du Congo, Rwanda, Burundi). Leur trait commun est d'être, à l'exception de la RDC, des États forts, qui ne tolèrent pas de voir leurs frontières déstabilisées par l'arrivée de réfugiés et de terroristes en provenance de la Centrafrique. Sur l'autre front, celui du Mali, l'Algérie qui se contentait jusque-là de verrouiller ses frontières a pris conscience que le trou noir libyen menaçait son flanc sud : l'attentat d'Aqmi contre les installations gazières d'Ibn Amenas en janvier 2013 lui a permis de mesurer sa vulnérabilité.

L'imminence d'une implosion

Sans une mobilisation massive des Africains eux-mêmes, soutenus par la coopération militaire occidentale, la moitié nord du continent risque d'imploser : tandis que les périphéries maritimes, urbaines occidentalisées, resteront reliées au reste du monde, avec leurs classes moyennes avides de confort et de développement, la partie continentale de cette moitié nord se coupera en deux le long de la ligne de contact entre le monde chrétien de cultivateurs sédentaires et un monde musulman d'éleveurs nomades en rébellion, qui refusera la légitimité des États centraux pour instaurer une théocratie fondée sur le djihad. Même au Sénégal, pays stable et pourtant proche de l'Occident, la ville sainte des Mourides, Touba, est devenue la propriété privée du Khalife général, un État dans l'État qui édicte ses propres lois et mobilise des milliers de jeunes disciples à travers le pays.

Ce qui émerge en Afrique est donc un front de rébellion anti-occidental qui prend en écharpe le continent et établit une dangereuse jonction à travers le Proche et le Moyen-Orient avec l'Asie. Né au Moyen-Orient en 1979 avec l'invasion de l'Afghanistan par les Russes et la prise de pouvoir par l'ayatollah Khomeiny en Iran, il n'a cessé de se renforcer depuis : la guerre du Golfe menée par l'Occident derrière les États-Unis contre l'Irak en 1990 a suscité l'apparition d'Al Qaida. Ses attentats contre les ambassades américaines de Nairobi et de Dar es Salam en 1998, qui annonçaient celui contre le World Trade Center du 11 septembre 2001, ont donné le signal d'une véritable guerre de civilisations. Les États-Unis et leurs alliés sont partis en guerre contre ce que Georges Bush junior qualifiait d'Empire du mal, envahissant l'Afghanistan en 2001, puis l'Irak en 2003, après avoir inventé la fable des armes de destructions massives détenues par Saddam Hussein. Hélas, l'Occident, qui prétendait apporter la démocratie, a détruit un pays.

L'islamisme radical a depuis essaimé en une multiplication de foyers, que l'échec de l'intervention occidentale et l'explosion de la Syrie, malgré la répression sauvage de Bachar Al-Assad, n'ont fait qu'exacerber. L'« État islamique en Irak et au Levant », né en juin 2014, devenu tout simplement État islamique, progresse à la faveur de l'affaiblissement des deux anciens États forts du Proche-Orient, l'Irak et la Syrie, et dessine un foyer de résistance contre l'Occident qui menace de prendre en écharpe le flanc sud de l'Europe. Son nouveau calife autoproclamé appelle les musulmans du monde entier à rallier cette Ouma (communauté des croyants) sunnite qu'il prétend incarner. Nul doute que ses prêches trouveront des résonances au sein du monde des jeunes musulmans déçus par les échecs du développement occidental. Les jeunes djihadistes maliens déjà soutenus par le Qatar trouvent dans cette émergence des raisons de poursuivre leur combat.

Lorsque les chefs d'État de l'Union africaine désignent en 2014 la sécurité et la lutte contre le terrorisme comme leur priorité principale, ils ne font qu'entériner cet état de fait. Du Sahel à la corne de l'Afrique en passant par l'Afrique centrale, se dessine une guerre qui ne dit pas son nom : celle qui mobilise de jeunes combattants aguerris et fanatisés contre les nouvelles bourgeoisies émergentes, coupables de goûter aux plaisirs de la société de consommation occidentale. Faire le maximum de victimes en un minimum de temps dans des lieux emblématiques, les malls, les gares, les aéroports, les marchés, devient à la portée de n'importe quel groupe radicalisé. Instaurer la terreur, un mode de fonctionnement qui permet d'exister et d'être reconnu.

Les rancœurs nées d'une émergence sélective et incomplète, qui laisse de côté des millions de jeunes privés d'avenir, alors qu'un petit nombre de privilégiés se gavent ostensiblement et outrageusement à côté d'eux, font naître au cœur même des métropoles les plus occidentalisées des vocations de martyrs prêts à tous les combats, à tous les massacres. La foi fournit le prétexte aux actions les plus violentes, aux attentats suicides les moins faciles à prévenir, surtout lorsque les États sont faibles, corrompus, désorganisés. Première touchée avec le Proche et le Moyen-Orient, l'Afrique, par sa proximité géographique et politique avec l'Europe, devient une menace. La misère était hier un danger contenu sur place à coups d'actions militaro-humanitaires. L'émergence multiplie paradoxalement les risques, car elle s'accompagne de l'explosion urbaine, des attentes déçues de la jeunesse, de la mise en contact beaucoup plus étroite que par le passé d'univers autrefois étanches, ceux de la richesse et de la pauvreté.

Deux lignes de fracture essentielles

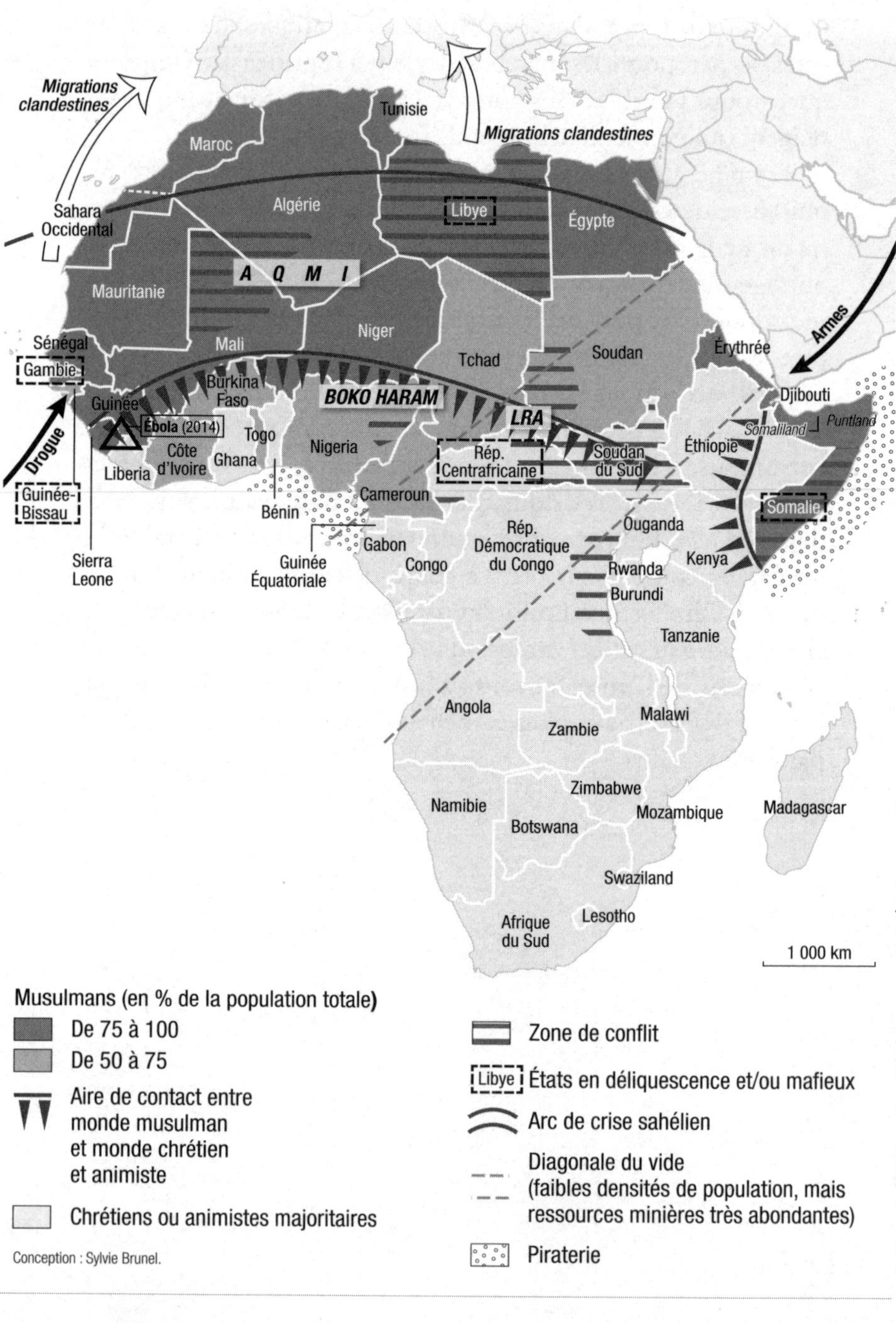

S. Brunel, *L'Afrique est-elle si bien partie ?*, © Éd. Sciences Humaines.

Le rêve de l'exil

En 1982, le président du Sénégal, Abdou Diouf, met en garde les téléspectateurs français lors d'une émission de télévision alors célèbre, *l'Heure de Vérité*: « On n'arrête pas la Méditerranée avec les bras ». Il appelle à un renforcement de la coopération avec l'Afrique: développer ici, c'est éviter l'émigration là-bas. Michel Rocard lui répondra en écho quelques années plus tard: « la France prend sa part, mais nous n'avons pas vocation à accueillir toute la misère du monde ». En 2007, Nicolas Sarkozy, à peine arrivé à la Présidence de la République, assigne à Brice Hortefeux des objectifs massifs de reconduite à la frontière, qui seront repris par le gouvernement socialiste de François Hollande. Mais les accords de co-développement que la France tente de négocier avec les pays de départ se heurtent à une réalité: partout les frontières de l'Europe sont prises d'assaut. Les révolutions arabes de 2011, le renversement de Kadhafi et la guerre en Syrie multiplient le nombre de candidats à l'exil. Lors des élections européennes de mai 2014, le Front national qui prône une politique extrêmement restrictive en matière d'immigration et prospère sur le terreau de la peur de l'islamisme, arrive en tête, devançant les partis traditionnels. Si le mécontentement populaire alimente en partie un vote qui se veut d'abord protestataire, la crainte de l'invasion demeure vivace dans une France qui s'est pourtant construite sur des vagues successives d'immigration en raison d'une natalité défaillante depuis le XVIIIe siècle.

L'eldorado pris d'assaut

Se voiler la face ou tenir des discours idéologiques, dans un sens comme dans l'autre, n'est pas de mise face à une réalité indiscutable : dans un environnement globalement hostile pour ceux qui vivent sur ses marches, l'Europe est plus que jamais un continent convoité. Rejoindre l'Europe, c'est l'espoir, parfois illusoire, pour la « *jobless generation* » africaine de trouver la paix, la sécurité, un emploi, une école pour les enfants, des soins pour la famille. Les routes de l'immigration sur le continent eurasiatique aboutissent ainsi à faire converger vers quelques points d'entrée perçus comme autant de maillons faibles des milliers de candidats à l'exil : si l'Europe se veut désormais une forteresse, les accords de libre circulation au sein de son espace, dits accords Schengen, qui ne comptaient que 5 pays lors de leurs prémices en 1985 (France, Allemagne, Benelux) n'ont cessé de s'étendre depuis, au fur et à mesure de l'élargissement de l'Union européenne. L'espace Schengen, né en 1995, compte désormais 28 pays, sur un gigantesque territoire de 4,3 millions de km^2 où peuvent circuler librement 420 millions de personnes. Réussir à en franchir les murailles extérieures, c'est fuir la guerre, la misère et l'oppression pour accéder à un espace de paix et de justice, où l'on a la possibilité de choisir son pays d'installation. Même si la condition de sans-papiers, toujours sur la brèche, n'a rien d'enviable, elle vaut mieux pour des millions de personnes en attente d'une régularisation que le monde sans avenir et sans espoir d'où elles viennent.

Aire d'émigration au temps de la grande famine d'Irlande et des affres sociales de la révolution industrielle, l'Europe qui vit partir 50 millions de ses ressortissants entre 1850 et 1914 est devenue une terre d'immigration qui fait figure d'eldorado pour son flanc sud. L'Espagne qui alimenta en main-d'œuvre une grande partie de l'Europe et comptait moins de 1 % d'immigrés dans sa population en 1996, en héberge aujourd'hui plus de

5 millions, 12 % de sa population ! C'est ainsi que des milliers de jeunes gens attendent aux portes des enclaves espagnoles de Ceuta et Melilla au Maroc dans l'espoir de franchir les hauts murs qui les séparent d'une entrée en Espagne, qu'ils montent sur des embarcations de fortune depuis les côtes sénégalaises et mauritaniennes pour rejoindre les Canaries, ou depuis celles du sud de la Méditerranée, en Algérie, en Tunisie, en Libye pour rallier Malte, l'île italienne de Lampedusa, la Sicile et la Sardaigne. Il existe aussi une route qui passe par l'Égypte, la Jordanie, la Syrie, la Turquie pour rejoindre Chypre, la Grèce, les îles de la mer Égée, ou la Bulgarie.

Si 435 000 demandes d'asile ont été enregistrées officiellement en 2013 par l'agence Frontex, qui gère les frontières de l'Union européenne depuis 2004, des milliers d'autres candidats n'ont pas eu la chance de voir leur requête aboutir : certains vivent depuis des années au Maroc en attendant de pouvoir enfin passer. Le royaume chérifien vient de mettre en œuvre une politique de régulation qui suscite un nouvel appel d'air. D'autres se sont noyés en mer parce que leur embarcation a chaviré ou que les passeurs les ont trompés, surchargeant des barques qui n'avaient aucune chance d'arriver à destination. L'émigration est devenue un business pour des mafias très bien organisées, qui proposent aux candidats au départ des traversées au prix exorbitant : comment se plaindre auprès de la justice d'avoir été escroqué quand on est clandestin ? Les communautés de départ se cotisent pour envoyer des migrants qui savent qu'ils partent pour une aventure à hauts risques. Ceux qui ne donnent plus jamais de nouvelles sont nombreux et ce n'est pas par indifférence ou par égoïsme : la traversée leur a été fatale.

Un génocide silencieux

Le drame de ces disparus est largement ignoré. Son ampleur, surtout, est tue. C'est pourtant un véritable massacre qui se déroule jour après jour au large de l'Europe. L'Atlantique, la Méditerranée, le Sahara transformés en cimetière pour des dizaines de milliers de morts anonymes. Combien, chaque année, se noient, sont volontairement ignorés par les navires marchands, quand leurs embarcations ne sont pas sabordées par les passeurs, qui préfèrent sacrifier leur cargaison plutôt que d'être pris ? Femmes violées, passagers pillés, affamés, assoiffés, entassés dans des conditions d'hygiène monstrueuses, la tragédie de l'émigration se déroule à huis clos en pleine mer ou dans le Sahara. Elle alimente l'économie criminelle, les réseaux de prostitution, de trafics d'organe, la fabrication de faux papiers.

Ceux qui en connaissent la dimension véritable sont traumatisés, mais leurs cris ne sont pas entendus. Parfois aussi, ils préfèrent la taire plutôt que de renforcer la peur et les réflexes xénophobes : dire la vérité, c'est donner prise aux discours des partis extrémistes, alimenter la peur de l'étranger, le renforcement des dispositifs de protection. Les chiffres officiels se veulent ainsi rassurants : seuls 3 % des migrants africains quittent le continent pour rejoindre des pays développés. La réalité qu'ils dissimulent est épouvantable et les murs, les grillages, les systèmes de surveillance de plus en plus sophistiqués. En 2007, Frontex crée Rabit, un système d'intervention rapide en cas d'« afflux massif » de migrants. Qui a osé baptiser avec un tel cynisme un mécanisme de sauvegarde qui ne proclame que trop clairement ce contre quoi il essaie de défendre l'Europe ?

En mai 2014, le gouvernement italien n'en peut plus de ce génocide silencieux qui se déroule au large de ses côtes. Une nouvelle politique d'immigration est adoptée, joliment désignée, elle, sous le terme latin de *Mare Nostrum* : sous l'Antiquité, l'Empire romain englobait l'Afrique du nord, ses *limes* étaient repoussées plus au sud (n'est-ce pas d'ailleurs ce que reproduit l'Europe quand elle confie à ses marches extérieures, les pays du Maghreb, le Cap Vert, la Turquie, la Moldavie, l'Ukraine avant la guerre civile, le soin de contenir chez eux les aspirants à l'émigration ?). Désormais, l'Italie se dote d'un système à la fois naval et terrestre destiné à humaniser l'accueil des clandestins. L'immigration clandestine cesse d'être un délit et ses candidats d'être envoyés en prison. Mais le dispositif coûte une fortune, alimente la montée des partis d'extrême droite et fait office d'appel d'air : en quelques semaines, le nombre de réfugiés double. L'Italie voit 70 000 personnes débarquer entre janvier et juillet. De la même façon que toute campagne de régularisation suscite immanquablement un nouvel afflux de migrants, l'humanisation de la politique italienne fait se réorienter en direction de ce pays certains de ceux qui auraient tenté une autre voie, même si les critères de proximité géographique restent déterminants.

Brain Drain

Craignant un tel processus, l'Europe refuse de suivre l'Italie sur cette voie. Dans tous les pays, des partis nationalistes à l'audience de plus en plus large réclament la fin de l'espace Schengen et la renationalisation des systèmes de défense des frontières. Frontex tient un discours ambigu où elle demande de voir accrus ses moyens d'intervention pour pouvoir mieux secourir les migrants, alors que ce qui se renforce surtout, c'est la protection aux frontières. L'Eurosur (European Border Surveillance System), qui permet d'informatiser les mécanismes d'enregistrement et de surveillance des migrants, de renforcer les dispositifs de protection aux frontières et les patrouilles de surveillance en mer, devient chaque année plus sophistiqué.

Partout des milliers de personnes s'entassent dans des zones de rétention frontalières. Elles peuvent séjourner des mois dans ces enclaves extraterritoriales où elles vivent dans la promiscuité, l'ennui, des conditions d'hygiène précaires et parfois la violence, le temps que les autorités du pays « d'accueil » statuent sur leur demande d'asile. Après cette période de latence où elles n'existent plus aux yeux du monde, beaucoup seront renvoyées chez elles ou dans des pays de transit, ruinées et subissant la honte de l'échec : quelle autre solution que de tenter de nouveau sa chance ?

L'immigration est pourtant une chance pour les pays qui en bénéficient, ceux de départ, qui reçoivent les fonds adressés par les expatriés à leurs communautés d'origine, mais aussi, et bien plus encore, ceux d'arrivée : combien de médecins, d'infirmiers, d'ingénieurs formés à grands frais dans leur pays d'origine font bénéficier leur pays d'accueil d'une qualification qui n'a rien coûté à ce dernier ? Combien de services publics d'urgence, dans les hôpitaux européens, tournent la nuit grâce à des médecins prêts à travailler des heures durant pour une rémunération dérisoire ? Le vol des cerveaux (*brain drain*) est une dure réalité pour bien des pays africains, qui déplorent d'avoir mis des années à former des spécialistes pointus pour les perdre ensuite.

La migration sélectionne l'audace et l'esprit d'entreprise. Les migrants sont des aventuriers économiques, prêts à accepter les conditions de travail les plus dures pour trouver leur place dans les pays d'accueil. Si leur réussite suscite presque immanquablement la jalousie des autochtones, ceux-ci oublient que les emplois que les immigrés occupent, dans l'agriculture, l'industrie, les services à la personne, sont généralement fuis par les nationaux parce qu'ils sont difficiles, contraignants, mal rémunérés. En sciences de la nature, lorsqu'on étudie la biodiversité d'un écosystème, il est toujours instructif de découvrir que les espèces qualifiées d'invasives ne font généralement qu'occuper une niche écologique laissée vacante par les espèces autochtones. L'immigration ne fait que combler un manque, un besoin qui n'est pas couvert par les ressortissants nationaux. Et ceux qui les accusent de tirer les salaires à la baisse ou d'entretenir le chômage oublient généralement que la présence des migrants s'explique par une demande bien réelle des entreprises nationales, confrontées à un manque de main-d'œuvre dans certains secteurs clés.

Pour qu'il y ait un emploi occupé par un clandestin, il faut qu'il y ait un employeur tout à fait officiel qui fasse appel à lui.

L'histoire globale de l'humanité a toujours été celle des migrations. « Sans l'usage des chevaux, nous serions tous consanguins », a coutume de répéter le grand écuyer Alexis Grüss. Et les peuples ont toujours migré de la pauvreté vers la richesse, qu'il s'agisse de pâturages, de terres, de villes ou d'économies prospères. C'est une réalité universelle que seules les frontières verrouillées ou les régimes autoritaires, des restrictions aux migrations pendant la période coloniale aux « hukous » chinois qui assignent les paysans à résidence (sans empêcher 130 millions de migrants intérieurs), parviennent – un peu – à limiter. En Afrique aussi, où elles sont essentiellement internes au continent, les migrations se dirigent des régions pauvres vers les régions riches. Les paysans gagnent les villes selon la loi du doublement (taux de croissance de la population, facteur x, taux de croissance de la ville, facteur 2x, taux de croissance des quartiers spontanés, facteur 4x). Les habitants des pays enclavés se ruent vers les pays côtiers. Ceux des régions pauvres vers les pôles d'activité. Le bassin d'emplois de la Côte d'Ivoire a toujours attiré les Burkinabés, ex-Voltaïques, et les Maliens.

Et à chaque crise, les migrants servent de boucs émissaires et de soupapes de sécurité : la Guinée équatoriale maltraite les Camerounais qui maltraitaient eux-mêmes les habitants de Guinée équatoriale avant qu'elle ne devienne une sorte d'émirat pétrolier au cœur de l'Afrique centrale ; les Nigérians renvoient les Béninois ; les Gabonais les Tchadiens, les Congolais de Brazzaville ceux de Kinshasa, accusés d'entretenir l'insécurité. En Centrafrique, les musulmans venus du Tchad sont accusés de tous les maux et victimes de pogroms. À intervalles réguliers en Afrique, de longues files de migrants se forment aux frontières, des gens qui rentrent chez eux, souvent pillés de tous leurs biens, maltraités par les autochtones, trop heureux d'avoir trouvé une cible pour décharger leurs haines et leurs frustrations. Mais quand un pays se développe, les flux se retournent: les anciens migrants qui découvrent la prospérité chez eux doivent supporter l'arrivée de ceux dont hier le pays leur paraissait si attractif. Les Angolais enrichis par le pétrole accueillent ainsi depuis la fin de la guerre les Portugais qui fuient leur pays appauvri; les Mauriciens emploient les Malgaches dans leurs zones industrielles et leurs plantations. Pourtant c'était hier les Angolais (et les Capverdiens, les Mozambicains, les ressortissants de Guinée-bissau) que les Portugais voyaient affluer chez eux, tout comme les pauvres Mauriciens voyaient en Madagascar un eldorado. L'histoire est pleine de ces retournements.

Est-ce une raison pour ouvrir tout grand les frontières de l'Europe? Non, car tout comme ceux qui arrivaient hier sur les côtes américaines étaient d'abord parqués, triés, à Ellis Island, à quelques encablures de la terre promise dont ils rêvaient avant d'avoir l'autorisation de contribuer à l'*American dream*, aucun pays, quel qu'il soit, ne peut renoncer au contrôle de son territoire. Le respect de certaines règles est nécessaire: avoir la volonté de s'intégrer, connaître et respecter les réglementations nationales (pas d'excision ou de polygamie en Europe, pas de charia en Côte d'Ivoire, pas de khat librement mâché en Éthiopie...). Voilà pourquoi certaines communautés trouvent plus facilement leur place que d'autres: leur désir d'intégration les fait se fondre dans leur pays d'accueil sans pour autant renier leur fonds culturel propre. Voilà également pourquoi les pays européens refusent que certaines mosquées se transforment en lieux de formation au djihad, quand à leurs portes, guettent les mouvements fondamentalistes qui voient en l'islam une religion conquérante.

Demain, les Européens confrontés au vieillissement de leur population, à la crise économique et au chômage massif, se précipiteront peut-être en masse sur le continent africain, comme les Portugais aujourd'hui. Ou comme les retraités, qui voient en certains pays tels que le Maroc ou le Sénégal des eldorados : soleil, faible coût de la vie, aides à domicile bon marché, douceur de vivre, respect des anciens, qui fait si cruellement défaut en Occident où leurs propres enfants les relèguent dans des mouroirs, attitude impensable en Afrique. Y aura-t-il alors des zones de rétention, des centres d'enfermement, des renvois brutaux et des contrôles au faciès ? Sans doute, puisque tel est le lot de l'immigré presque partout dans le monde. C'est alors que l'Europe, privée du dynamisme et de la jeunesse d'une population qui préfèrera désormais les opportunités africaines aux déceptions européennes réalisera combien elle a eu tort de tourner le dos aux immenses espoirs et attentes des jeunes Africains.

Épilogue

« Il faut des solutions africaines
aux problèmes africains. »

Nkosazana Alamine-Zuma
Présidente de la Commission, Union africaine, 2014.

Pour Nkosazana Alamine-Zuma, ancienne militante contre l'apartheid (et peut-être future présidente de l'Afrique du Sud), qui présidera la Commission de l'Union africaine jusqu'en 2016, le continent doit cesser de toujours attendre son salut de l'extérieur. La présidente veut créer une capacité africaine de réponse aux crises, afin que l'Afrique puisse assurer sa propre défense au lieu de compter sur les interventions extérieures, qu'elles soient multilatérales ou bilatérales.

Mais le rétablissement d'une paix durable passe d'abord par plus d'équité sur le continent. L'Afrique se trouve en effet aujourd'hui à la croisée des chemins. La pauvreté persistante d'une grande partie de sa population menace la pérennité de son émergence. Selon les choix qui seront effectués, elle peut soit poursuivre cette émergence en la généralisant à l'ensemble de sa population, soit au contraire sombrer dans la violence et les affrontements internes, religieux, ethniques, sociaux, que l'ampleur des inégalités suscite. Une Afrique riche peuplée de pauvres et d'exclus n'est pas durable.

Comment réussir cette mutation ? Une méthode a fait ses preuves dans le reste du monde. Elle consiste à mettre en place une croissance inclusive par des programmes de redistribution sociale volontaristes. Si les ruraux, les jeunes, les dominés, aujourd'hui largement exclus de l'enrichissement des nouvelles bourgeoisies africaines, sentent qu'ils ont pleinement leur place dans l'émergence africaine, ils retrouveront confiance en l'avenir. Le développement est un processus endogène et cumulatif de croissance de la richesse et de diversification des activités économiques qui engendre, grâce à une action volontariste des pouvoirs publics soutenus par une coopération internationale forte, une amélioration des conditions de vie du plus grand nombre et une maîtrise accrue de leur destin comme des aléas de la nature. Il faut sortir de cette Afrique inégalitaire et rentière que son modèle de croissance rend vulnérable aux crises politiques et climatiques.

Certes, les trajectoires de sorties de sous-développement sont amorcées sur le continent. Mais l'Afrique ne peut se permettre d'attendre encore un siècle pour généraliser l'accès à l'éducation, à la santé, à la possibilité pour chacun, quels que soient sa naissance, son sexe et son rang, d'exercer librement sa capacité de choix. Dans quarante ans, elle comptera un milliard d'habitants en plus. Sans développement, le continent représentera alors une lourde menace pour sa propre sécurité mais aussi pour celle du monde, à commencer par l'Europe toute proche.

Les défis qui attendent aujourd'hui le continent sont colossaux :

– *Défi de l'accroissement de la productivité agricole*, avec une agriculture qui soit à la fois familiale et écologiquement intensive, respectée, rémunérée, reconnue ;

– *Défi de l'éducation et de la formation*, seul moyen de rendre le continent attractif pour l'investissement des entreprises de transformation, mais aussi pour entraîner une réduction de la fécondité des femmes, étroitement corrélée à leur niveau d'instruction ;

– *Défi de l'eau*, non seulement l'eau potable (et il faut sortir du dilemme eau gratuite inexistante ou gaspillée, eau payante inégalitaire et discriminante), mais aussi les eaux usées, dont la mauvaise évacuation et le non-traitement suscitent tant de pathologies en milieu rural comme dans les villes. Et puis l'eau qui nourrit, celle des réseaux d'irrigation, l'eau de l'énergie, celle de l'hydroélectricité ;

– *Défi du changement climatique* dont l'Afrique est le premier continent affecté. Trouver des solutions pour une énergie propre et renouvelable, alors que les deux tiers des Africains tirent leurs revenus de leur environnement et que 80 % de l'énergie des ménages est toujours fournie par le bois, sera la clé du développement durable du continent, celui qui saura à la fois concilier l'atténuation des émissions de gaz à effet de serre et l'adaptation des territoires aux aléas du changement climatique ;

– *Défi de la bonne gouvernance* dans un continent où les détournements et la corruption, s'ils ne sont pas plus importants qu'ailleurs, ont pourtant des conséquences plus lourdes, car les besoins à satisfaire restent immenses et l'équipement des territoires si embryonnaire encore.

C'est à ces conditions que l'Afrique connaîtra une paix et une sécurité durables qui lui permettront d'occuper l'une des toutes premières places, celle qui devrait être la sienne sur la scène internationale au vu de ses immenses atouts. Elle est aujourd'hui menacée par la violence et le chaos, une économie d'enclaves, l'instauration d'un immense apartheid, à l'échelle du continent tout entier, un apartheid non plus racial, mais social.

La solution appartient aux Africains. Pour la première fois de son histoire, l'Afrique se trouve à la croisée des chemins. Selon les choix que ses propres dirigeants effectueront, elle basculera dans un chaos généralisé, ou elle saura au contraire montrer au reste du monde ce que signifie vraiment le terme développement durable : une société solidaire, entre jeunes et vieux, cadets et aînés, ruraux et urbains, où le lien compte plus que le bien, et qui sait unir les traditions passées à la modernité la plus inventive et la plus audacieuse qui soit, dans un continent doté d'une nature plus généreuse que dans nul autre endroit au monde.

Bibliographie indicative

Il existe tant de livres sur l'Afrique que cette bibliographie d'une cinquantaine de références est forcément incomplète et lacunaire. Mes collègues géographes notamment ont publié une somme de livres remarquables sur l'Afrique, physique comme humaine, générale comme régionale, et il m'est hélas impossible de tous les citer. Les quelques ouvrages qui suivent me paraissent cependant essentiels, soit qu'ils appartiennent à l'actualité du continent, soit qu'ils aient marqué leur temps. Il faut y ajouter le suivi attentif et régulier des publications du groupe Jeune Afrique, *hebdomadaire de référence sur le continent, fondé en 1960 par Béchir Ben Yahmed, et des autres publications et émissions qui traitent régulièrement du continent, sur RFI, TV 5 Monde, France 24, Africa n° 1, CNN Afrique, etc.*

AUBERTIN Catherine (dir), *Représenter la nature? ONG et biodiversité*, IRD éditions, 2005.

AYITTEY George, *Defeating dictators, fighting tyranny in Africa and around the world*, Palgrave Macmillan, 2011.

BAYART JEAN-FRANÇOIS, *L'État en Afrique, la politique du ventre*, Fayard, 2006.

BEN YAHMED DANIELLE, HOUSTIN NICOLE (dir), *Atlas de l'Afrique*, éditions du Jaguar, 2011.

BEN YAHMED MARWANE (dir), *L'Afrique en 2014*, Hors série n° 34, *Jeune Afrique*, 2014.

BOLYA, *Afrique, le maillon faible*, Le Serpent à plumes, 2002.

Bouquet Christian, *Côte d'Ivoire, le désespoir de Kourouma*, Armand Colin, 2011.

Bourges Hervé, Vauthier Claude, *Les 50 Afriques*, Seuil, 1979.

Brunel Sylvie, *L'Afrique, un continent en réserve de développement*, Bréal, 2004.

Chaleard Jean-Louis (dir), *Métropoles aux Suds. Le défi des périphéries*, Karthala, 2014.

Cherkaoui Mohamed, *Le Sahara, liens sociaux et enjeux stratégiques*, The Bardwell Press, Oxford, 2007.

Coquery-Vidrovitch Catherine, *Petite histoire de l'Afrique*, La Découverte, 2011.

Diakite Tidiane, *50 ans après, l'Afrique*, Arléa, 2011.

Dollfus Olivier, *La Mondialisation*, Presses de Sciences Po, 2001.

Dowden Richard, *Africa, États faillis, miracles ordinaires*, Nevicata, 2012.

Dubresson Alain, Moreau Sophie, Raison Jean-Pierre, Steck Jean-Fabien, *L'Afrique subsaharienne, une géographie du changement*, Armand Colin, 2011.

Dumont René, *L'Afrique noire est mal partie*, première édition 1962, réédition 2012, Seuil.

Durufle Gilles, *L'Ajustement structurel en Afrique*, Karthala, 1988.

Fauvelle-Aymard François-Xavier, *Le Rhinocéros d'or, histoires du Moyen Âge africain*, Alma, 2013.

Fottorino Éric, Guillemin Christophe, Orsenna Erik, *Besoin d'Afrique*, Fayard, 1992.

Foucher Michel, *Frontières d'Afrique, pour en finir avec un mythe*, CNRS Éditions, 2014.

Gabas Jean-Jacques, Chaponniere Jean-Raphaël (dir), *Le Temps de la Chine en Afrique, enjeux et réalités au sud du Sahara*, Karthala, 2012.

Gallais Jean, *Hommes du Sahel*, Flammarion, 1984.

Giblin Béatrice (dir), *Géopolitique du Sahara*, Hérodote, 2012.

Gilliard Patrick, *L'Extrême Pauvreté au Niger*, Karthala, 2005.

Glaser Antoine, *AfricaFrance, quand les dirigeants africains deviennent maîtres du jeu*, Fayard, 2014.

Gourou Pierre, *L'Afrique*, Hachette, 1970.

Grataloup Christian, *Géohistoire de la mondialisation, le temps long du monde*, Armand Colin, 2010.

Hannin Valérie (dir), « Le Sahara, 5000 ans de géopolitique », *L'Histoire* n° 58, janv-mars 2013.

Hugeux Vincent, *Afrique, le mirage démocratique*, CNRS Éditions, 2012.

Hugon Philippe, *Géopolitique de l'Afrique*, Armand Colin, 2013.

Hugon Philippe, *L'Économie de l'Afrique*, La Découverte, 2013.

Ibn Batouta, *Présent fait à ceux qui considèrent les curiosités des villes et les merveilles des voyages*, 1354.

Jacquemot Pierre, *Économie politique de l'Afrique contemporaine*, Armand Colin, 2013.

Kane Cheikh Hamidou, *L'Aventure ambiguë*, Julliard, 1961.

Kapuscinski Ryszard, *Ébène*, Seuil, 1988.

Konate Moussa, *L'Afrique noire est-elle maudite ?*, Fayard, 2010.

Lugan Bernard, *Les Guerres d'Afrique*, éditions du Rocher, 2013.

Lorgeoux Jeanny, Bockel Jean-Marie (dir), *L'Afrique est notre avenir*, Rapport d'information de la Commission des affaires étrangères, n° 104, Sénat, 2013-2014.

Mbembe Achille, *Critique de la raison nègre*, La Découverte, 2013.

Michel Serge, Beuret Michel, *La Chinafrique*, Fayard/Pluriel, 2011.

Minassian Gaïdz, *Zones Grises, Quand les États perdent le contrôle*, Autrement, 2011.

Nantet Bernard, *Le Sahara, Histoire, guerres et conquêtes*, Tallandier, 2013.

Nantet Bernard, *Dictionnaire de l'Afrique*, Larousse, 2011.

Pandolfi Paul, *Les Touaregs de l'Ahaggar, Sahara algérien*, Karthala, 1998.

Pean Pierre, *Carnages, les guerres secrètes des grandes puissances en Afrique*, Fayard, 2010.

Ping Jean, *Éclipse sur l'Afrique, Fallait-il tuer Kadhafi ?* Michalon, 2014.

Pourtier Roland, *Afriques noires*, Hachette, 2010.

Sellier Jean, *Atlas des peuples d'Afrique*, La Découverte, 2011.

Severino Jean-Michel, Ray Olivier, *Le Temps de l'Afrique*, Odile Jacob, 2010.

Smith Stephen, Levasseur Claire, *Atlas de l'Afrique*, éditions Autrement, 2009.

Smouts Marie-Claude, *Forêts tropicales, jungle internationale, les revers d'une écopolitique mondiale*, Presses de Sciences Po, 2001.

Sur Serge (dir), « Le Sahel en crises », *Questions internationales*, n° 58, nov-déc 2012.

Toupet Charles, *Le Sahel*, Nathan, 1992.

Turnbull Colin, *Les Iks, survivre par la cruauté*, Plon-Terre Humaine, 1987.

Vedrine Hubert, Zinsou Lionel (dir), *Un partenariat pour l'avenir : 15 propositions pour une nouvelle dynamique économique entre l'Afrique et la France*, Fayard/Pluriel, 2014.

Table des cartes et tableaux

Cahier central

Les cartes du cahier central ainsi que les cartes pp. 66 et 160 ont été réalisées par Légendes Cartographie.

Table des matières

Les droits d'auteur de ce livre
sont intégralement versés à l'Association **ADDAx**

ADDAx
Association pour le Développement Durable
en Afrique et dans le monde

DU MÊME AUTEUR

Romans et récits

- *Un Escalier vers le Paradis*, Jean-Claude Lattès, 2014.
- *Le Voyage à Timimoun*, Jean-Claude Lattès, 2010.
- *Cavalcades et dérobades*, Jean-Claude Lattès, 2008. Prix Pégase. (École nationale d'Équitation, Saumur).
- *La Planète disneylandisée, pour un tourisme responsable*, éditions Sciences Humaines, 2012.
- *La Déliaison* (avec Ariane Fornia), Denoël, 2005.
- *Frontières*, Denoël, 2003.

Essais et manuels

- *Le cheval berba* (dir.), Favre, 2014.
- *Géographie amoureuse du maïs*, Jean-Claude Lattès, 2012.
- *Géographie amoureuse du monde*, Jean-Claude Lattès, 2011. Prix Jules Verne.
- *Le ciel ne va pas nous tomber sur la tête* (dir. avec Jean-Robert Pitte), Jean-Claude Lattès, 2010.
- *Manuel de guérilla à l'usage des femmes*, Grasset, 2009.
- *Nourrir le monde, vaincre la faim*, Larousse, 2009.
- *À qui profite le développement durable ?*, Larousse, 2008. Prix de l'Académie des sciences morales et politiques.
- *Le Développement durable*, Puf, « Que Sais-Je ? », 2004, 5e éd. 2012.
- *L'Afrique*, Bréal, 2004. Prix Robert Cornevin.
- *Famines et politique*, Presses de Sciences Po, coll. La Bibliothèque du citoyen, 2002. Prix Sciences Po.
- *La faim dans le monde, comprendre pour agir*, Puf, 1999. Prix Conrad Malte Brun.
- *Géopolitique de la faim* (dir.), Puf, 3e éd. 2001.
- *Ceux qui vont mourir de faim*, Seuil, coll. « L'Histoire immédiate », 1997.

- *La coopération Nord-Sud*, Puf, « Que sais-je? », 1997.
- *Le sous-développement*, Puf, « Que sais-je? », 1996.
- *Le Sud dans la nouvelle économie mondiale*, Puf, coll. « Major », 1995.
- *Le gaspillage de l'aide publique*, Seuil, coll. « L'Histoire immédiate », 1993.
- *Une tragédie banalisée: la faim dans le monde* (avec le concours de l'AICF), Hachette, coll. « Pluriel-Intervention », 1991.
- *Sahel, Nordeste, Amazonie: politiques d'aménagement en milieux fragiles* (dir., avec N. Cabral), Unesco-L'Harmattan, 1991.
- *Tiers Mondes, controverses et réalités* (maître d'œuvre), Economica-Liberté Sans Frontières, 1987.
- *Asie, Afrique: greniers vides, greniers pleins* (maître d'œuvre), Economica, coll. « Économie agricole », 1986.
- *Le Nordeste brésilien, les véritables enjeux*, Médecins sans Frontières, 1985.
- *La vache du riche mange… le grain du riche*, Médecins Sans Frontières, 1984.

(Les ouvrages collectifs auxquels l'auteur a participé ne sont pas mentionnés ici. En 2013, Sylvie Brunel a reçu le prix Jean Sainteny de l'Académie des Sciences morales et politiques pour l'ensemble de son œuvre).

Aux éditions Sciences Humaines

Les ***Éditions Sciences Humaines*** *publient, à côté du magazine éponyme, des* ***ouvrages*** *offrant aux lecteurs un état des connaissances dans les différentes disciplines qui forment les « sciences humaines » : la psychologie, la communication, la philosophie, la sociologie, l'histoire, l'anthropologie, l'ethnologie, l'éducation et la formation, la science politique, l'économie… ainsi que sur les différents thèmes y afférant : les organisations, le cerveau, le pouvoir, l'individu, la religion, la famille…*

Collection « Ouvrages de synthèse »

J.-V. Holeindre (dir.), *Le Pouvoir. Concepts, lieux, dynamiques*, 400 pages, 2014.

Cet ouvrage, qui regroupe des contributions de spécialiste de tous horizons, donne les clés pour appréhender au mieux, à l'heure de la mondialisation, la nature du pouvoir et ses différentes formes, des rapports entre individus aux relations internationales.

P. Norel, L. Testot (dir.), *Une histoire du monde global*, 352 pages, 2012.

Mieux comprendre ce qui s'est réellement joué entre les différentes parties d'un monde clivé par ses frontières est une nécessité vitale. Et celle-ci ne peut être mise en œuvre que dans une perspective élargie, qu'entend apporter l'histoire globale : une analyse innovante, jouant des échelles temporelles et géographiques, s'affranchissant des frontières disciplinaires.

X. Molénat (dir.), *L'Individu contemporain. Regards sociologiques*, 254 pages, 2013.

Incertain, narcissique, réflexif, en panne, autonome…

Qu'on le critique ou qu'on le loue, l'individu contemporain est au centre des interrogations de la société. Ce livre propose un état des lieux dépassionné sur la question, avec, en toile de fond, un constat : l'avènement de l'individu, ce n'est pas « moins de société », mais au contraire une nouvelle façon de faire société…

Collection « Petite Bibliothèque de Sciences Humaines »

J.-F. Dortier (dir.), *Le Dictionnaire des sciences sociales*, 464 pages, 2013.

Un dictionnaire vivant et facile à consulter, mettant à la portée de tous les concepts, les auteurs, les théories qui forment le corpus actuel des sciences sociales.

P. N. Giraud, *La Mondialisation. Émergences et Fragmentations* (3e édition) 160 pages, 2012.

La mondialisation n'unifie pas le monde, elle le morcelle. Dans ces conditions, quel avenir ? Les firmes globales sont-elles les nouveaux maîtres du monde ? Les États ont-ils encore un rôle « régulateur » à jouer ? Les classes moyennes des pays riches sont-elles condamnées à être laminées ? Peut-on changer de capitalismes ? Quel destin pour les régions du monde qui s'effondrent aujourd'hui dans la pauvreté et la guerre ? Sans concessions aux idées reçues, Pierre-Noël Giraud apporte à ces questions des réponses lucides et argumentées.

G. Fumey, *Géopolitique de l'alimentation*, 128 pages, 2e édition 2012.

La géopolitique de l'alimentation permet de comprendre les rapports de force qui façonnent notre planète alimentaire en analysant le rôle des différents protagonistes : les institutions, les politiques, les acteurs économiques… mais aussi les mangeurs que nous sommes tous.

R. Chartoire (dir.), *Dix questions sur le capitalisme aujourd'hui*, 224 pages, 2014.

À travers une dizaine de questions fondamentales, ce livre tente de décrypter la nature du système capitaliste et d'en démontrer l'unité et la diversité. S'appuyant sur des articles de spécialistes de tous horizons, il donne les clés de lecture indispensables à la compréhension des grands enjeux économiques et sociaux du monde contemporain.

D. Battistella, *Paix et Guerres au XXIe siècle*, 160 pages, 2011.

Une synthèse éclairante et dynamique pour mieux comprendre le système des relations internationales au XXIe siècle.

Hors collection

B. Roger, B. Segrestin et S. Vernac (dir.), *L'Entreprise, point aveugle du savoir*, 320 pages, 2014.

Peut-on réinventer l'entreprise ? C'est le pari que font les contributeurs de ce livre en confrontant les sciences sociales avec l'entreprise. Résultat du colloque qui s'est tenu à Cerisy-la-Salle en mai 2013, il invite à parcourir un vaste champ disciplinaire couvrant le droit, l'économie, la sociologie, la gestion, ou encore l'histoire et la philosophie politique.

J.-V. Holeindre, L. Testot (dir.), *La Guerre, d'hier à aujourd'hui*, 272 pages, 2014.

La guerre n'est pas seulement un phénomène militaire. À travers elle se jouent les grandes évolutions sociales, économiques, culturelles et politiques qui façonnent l'histoire humaine. Ce livre propose ainsi une histoire globale de la guerre d'hier à aujourd'hui.